MOM
&
BABY

12개월
마사지·체조
프로그램

M O M
&
BABY

12개월
마사지·체조
프로그램

전선혜

솔과학

엄마와 아기가
함께 행복해지는 비결

　엄마의 태내에서 그리고 생후 1년간 아기가 얼마나 드라마틱한 변화와 성장을 하는지, 그리고 이 기간이 개인의 삶에 있어서 얼마나 중요한 영향을 미치는 지를 안다면 일반적으로 보육이 단순히 아기의 성장과 발달을 도와준다는 개념이 아니라는 데에 동의를 하게 될 것입니다. 즉, 그저 의식주를 해결하고 안전하게 보호해 준다는 것만이 생후 1년까지의 아기들을 키우는 관점이 아니라는 것을 알게 될 것입니다.

　이 시기가 아기들의 신체적 발달만이 이루어지는 시기라고 생각한다면 큰 오산입니다. 아기의 지능은 48%가 유전에 의해서, 52%가 환경에 의해서 결정된다고 합니다. 그리고 체격과 체형은 20~30%가 유전에 의해서, 70~80%가 환경에 의해서 결정되고 두뇌의 발달은 약 85%가 엄마 뱃속부터 태어나서 3세 이전에 형성되는 것으로 알려져 있습니다. 또한 키도 엄마 뱃속에서부터 생후 1년 까지 자기 성인키의 약 40~45%가 성장됩니다.

　한 동안 미디어를 통해 아기 마사지가 소개되면서 많은 관심을 받는 듯했으나 최근에는 관심도가 많이 떨어졌습니다. 그러나 일부 산후 조리원이나 유투브를 통해 관심이 있는 부모들에게 여전히 소개가되고 있기는 합니다. 최근 이에 대한 실태조사를 하다가 깜짝 놀랐습니다. 아기 마사지 · 체조가 좋다는 말에 제대로 된 방법을 익히지 않은 상태에서 그저 아기를 눕혀놓고 막무가내로 여기저기를 주무르는 부모들을 많이 볼 수 있었습니다. 산후조리원이나 산부인과에서도 부모들을 대상으로 아기 마사지 · 체조를 소개하거나 가르치는 곳이 있기는 하지만 대충대충 시늉만 내는 수준이거나 하지 않느니만 못하게 거칠게 하는 경우가 있었습니다. 이 중에서 가장 큰 문제는 아기 마사지를 일종의 어른 마사지와 유사하게 생각해 아기의 몸에 지나친 압력을 가하는 것입니다. 실제로 어느 아빠는 솥뚜껑만한 손으로 덥석덥석 주무르다가 아기에게 골절상을 입힌 경우도 있었습니다. 또 반대로 아기에게 해를 입힐까봐 두려워서 손도 못잡겠다는 아빠들도 많았습니다.

　제가 아기 마사지 · 체조 프로그램을 진행하면서 부모들에게 강조했던 점은 우선 아기의 성장 발달 수준을 이해하라는 것입니다. 먼저 아기의 발달에 맞는 해당 마사지 · 체조법을 알아야 하고, 반드시 올바르고 적당한 방법을 숙지해야 합니다. 어떤 부위를 어떠한 방법과 압력으로 마사지하면 어떤 효과를 거둘 수 있는지를 모른다면 차라리 안하는 것이 낫습니다.

　그렇다고 지레 겁을 먹거나 포기하실 필요는 없습니다. 조금만 노력을 기울인다면 틀림없이 생후 1년, 우리 부모들의 노력 여하에 따라 얼마든지 총명하고 건강한 아기로 키울 수 있습니다.

　엄마 배 안에서부터 아기는 이미 세상의 모든 자극들에 대하여 스펀지가 물을 흡수하듯 반응하고 있습니다. 말로 표현하지 못해도 아기는 부모를 통해 세상을 배워가고 있습니다. 특히 아기가 태어난 후 일년, 부모는 제 2의 조물주에 버금간다고 할 수 있을만큼 중요한 시기입니다. 이 기간 동안 부모가 얼마나 제대로 된 관심을 기울이고, 또 얼마나 적절한 방법으로 성장발달을 돕느냐에 따라 아기의 평생이 좌우됩니다. 곧고 예쁜 골격과 근육, 튼튼한 장기, 똑똑한 머리, 그리고 온화하고 너그러운 품성까지, 이 모두가 우리 부모의 손에 달려 있다고 해도 과언이 아닙니다.

사실 그리 어려울 것도 없습니다. 우선 아기를 이해하고 제대로 된 프로그램을 숙지한다면 하루 15분 정도만 투자해도 놀라운 효과를 직접 경험하실 수 있을 것입니다.

지난 몇 년 동안 저는 우리 부모들에게 어떻게 하면 좀 더 효율적이고 쉽게 아기 마사지 · 체조 방법을 전달할 수 있을지 많은 고민을 했습니다. 그동안 '아기 마사지와 체조가 아기의 뇌 활동에 미치는 영향'에 대해 연구하면서 아기 마사지 · 체조 12개월 프로그램을 완성시켰습니다.

월령별로 2개월씩 6단계로 나눠 우선 아기의 특징과 아기 마사지와 체조의 특징을 설명한 후, 각 단계별로 10~11개의 동작들을 순서대로 따라 할 수 있게 했습니다. 각각의 단계는 아기의 정서적 · 신체적 발달 단계를 고려하여 그대로 따라 하기만 해도 아기의 균형 잡힌 성장을 도울 수 있도록 만들었습니다.

이 책이 지닌 또 하나의 특징은 산후 소홀해지기 쉬운 엄마의 몸 관리를 아기 마사지 · 체조 프로그램과 함께 같은 형식으로 프로그램화 했다는 점입니다.

'여성의 몸은 임신과 출산을 통해 비로소 완성됩니다.' 하지만 생의 그 어느 때보다 더욱 신경을 써야만 건강하고 탱탱한 상태를 유지할 수 있습니다. 육아에 치여 자신의 몸을 방치한다면 평생 동안 그 대가를 치르게 될지도 모를 일입니다.

때문에 엄마들 역시 아기를 출산하고 난 후 각 단계에 맞는 운동을 꾸준히 해줘야 합니다. 이 책에 소개된 엄마를 위한 체조는 신체 각 기관의 기능을 회복시켜줄 뿐만 아니라 출산 후 경험하게 되는 요실금, 요통, 수유통 같은 증후들을 없애주고 흐트러진 팔다리, 복부, 엉덩이 등의 근육을 강화시켜 탱탱하고 매끈한 라인을 되살리는 데 도움을 줍니다.

다시 한 번 강조합니다. 아기를 위해 15분, 그리고 엄마인 나를 위해 15분만 투자해보세요. 하루 30분이면 아기와 엄마 모두 건강하고 행복해질 수 있습니다.

마사지와 체조를 해줄 때 아기들이 짓는 천진한 웃음을 보며 저 또한 많이 행복했습니다. 부모님들 또한 그 웃음을 함께 볼 수 있도록 하는 데 이 책이 조금이나마 도움이 된다면 더 큰 바람이 없겠습니다.

"언제나 곁에서 응원해주는 남편과 두 아들, 그리고 항상 곁에서 연구를 함께하면서 꿈을 키워가는 사랑하는 제자들에게 큰 감사의 마음을 표합니다.

특히 새로운 시작을 하는 큰아들 부부에게 이 책을 드립니다"

2022년 봄
중앙대학교 연구실에서. 전선혜

| 차 례 |

총명하고 건강한 아기와 아름답고 건강한
엄마의 12개월 프로그램

4

아기의 멋진 체형을 위한 맞춤 프로그램

5

우리 아기를 위한 마사지, 이럴 땐 이렇게

6

엄마를 위한 산후 체조, 이럴 땐 이렇게

아기와 엄마의
12개월 혁명

part

1

제2의 조물주
엄마 손으로 만드는
쭉쭉빵빵 총명한 아기

요즘 부모들은 아이를 제대로 키우기 위해 알아야 할 것도, 해야 할 일도 참 많다. 그러나 문제는 대부분의 부모들이 '아이를 위해서 무언가를 해야 한다'고는 생각하지만 정작 '무엇을 어떻게 해야 하는지'에 대해서는 모르고 있다는 것이다.

그래서 무리하게 욕심만 앞세우거나 시도조차 못한 채 지레 포기하는 경우도 많다.

1년이 가장 중요하다

태교가 얼마나 중요한가에 대한 인식이 비단 어제오늘 일만은 아니지만 요즘 들어 태교의 중요성이 더욱 많이 부각되고 있다. 많은 부모들이 아이의 지능과 감성을 발달시키기 위해 음악을 들려주거나 책을 읽어주고 박물관 같은 데서 예술 작품을 감상하기도 한다.

물론 엄마 뱃속에 있는 열 달이 아이의 인생에서 중요한 역할을 담당한다는 걸 모르는 사람은 별로 없을 것이다. 그 연장선상에서 나는 아기가 태어나면서부터 1년이 그 어느 때보다 중요한 시기라고 확신한다.

아기들은 저절로 자라지 않는다. 다시 말해 현명한 부모의 노력 여하에 따라 얼마든지 총명하고 건강하게 키울 수 있다. 더욱이 생 후 1년 간의 학습과 발달은 아기의 평생을 좌우한다.

나는 생후 1년까지의 영아에게 부모가 해줄 수 있는 가장 효과적이고 유용한 방법이 아기마사지와 체조이며, 이를 통해 소중한 아기의 지능과 정서발달이 이루어지게 도울 수 있는 가장 효율적인 교육방법임을 강조하고 싶다.

물론 아기 마사지와 체조를 받지 못한 아기도 성장한다. 하지만 엄마아빠와 함께 소통을 하면서 구체적이고 반복적인 아기 마사지와 체조 과정을 거친 아기들은 반드시 성장 발육 외에 플러스알파의 효과를 얻게 된다.

'자력으로 움직이지도 못하는 아기에게 무슨 체조를 시키란 말인가'라고 생각하는 사람들도 많을 것이다. 하지만 감히 말하건대, 이는 무지에서 비롯된 용감한 발언이다. 스스로 움직이지 못하는 아이이기 때문에 부모의 도움을 통하여 수동적으로라도 움직일 수 있도록 도와주는 것이 대단히 중요하다.

더군다나 이 시기의 신체 발달은 단순히 몸을 효율적으로 움직일 수 있도록 성장한다는 것만을 의미하지 않는다. 두뇌 발달과도 직결되는 주요 사안이기 때문에 생 후 1년간 이루어지는 경험과 학습이 우리 아이들의 미래를 결정짓는 중요한 요소로 작용하게되는 것이다.

아기 성장에 관한 통계를 살펴보면 이 같은 결론이 결코 과장이 아님을 알 수 있다. 태어나서 3살까지는 각종 장기와 골격을 비롯한 모든 발육이 집중적으로 이루어지는 아주 중요한 시기다. 뇌의 약 85%, 키의 약 40%~45%, 체중의 약 20% 등이 이 시기에 완성된다. 뿐만 아니라 성격과 기질이 반 이상 확정된다.

그렇다면 영·유아기야말로 인생의 향방을 결정짓는 절체절명의 시기란 이야기가 된다.

그러니 아기의 장밋빛 미래를 소망하는 부모라면 이 시기에 최선을 다해 아기의 건강과 정서를 돌봐야 한다. 출생 직후부터 1살까지, 어떠한 자의적 행동도 마음대로 조절을 하지 못하는 아기에게 부모의 노력과 정성은 그 무엇도 대신할 수 없는 절대적인 환경이 되기 때문이다.

아기 마사지와 체조의 놀라운 효과

그렇다면 아기 마사지와 체조로 얻을 수 있는 효과는 어떤 것들이 있을까?

첫째, 직접적인 신체 접촉으로 소화와 배설 기능을 촉진하고, 순환기와 호흡기의 기능을 향상시킨다.

둘째, 안정시 많이 나타나는 뇌파인 알파파가 증가하고 세로토닌 호르몬이 더 많이 분비되어, 숙면과 정서적 안정을 돕는다. 실제로 보통 아기들이 잠드는 데 걸리는 시간이 30여 분인데 반해 주기적으로 마사지를 받는 아기가 잠들기까지 걸리는 시간은 15분 안팎이라는 연구 보고도 있다.

셋째, 본격적인 신체 발육을 위한 준비 운동에 해당되며, 운동성과 근력 증가에 도움을 준다.

넷째, 오염된 환경에서 자라는 아기들에게 최대 약점으로 나타나는 면역력을 강화시켜준다.

다섯째, 엄마와 아기의 피부와 피부의 접촉 시 많이 분비되는 옥시토신 호르몬을 증가시켜 편도체와 전두엽의 두뇌 활성화에 도움을 준다.

여섯째, 엄마에게서 분리됨으로써 아기는 공포와 스트레스를 많이 느끼게 되어 잘 보채게되는 데 스트레스 호르몬인 코티솔을 감소시켜 스트레스 완화와 정서적 안정에 도움을 준다.

마지막으로 무엇보다도 엄마 손의 약효를 빼놓을 수 없다. 한방에서는 배 앓이를 감쪽같이 가라앉히는 엄마 손의 약효를 자기장의 효능으로 설명한다. 엄마 손바닥에서 나오는 좋은 기운이 막힌 혈을 풀어준다는 것이다.

실제로 저명한 동물행동학자 데스먼드 모리스는 동물들이 서로 털 손질을 해주는 것은 질병에 감염되는 것을 예방하기 위한 행위라고 설명한다.

더 나아가 인간의 스킨십은 친근함과 유대감을 확인하는 절차가 된다. 특히 아기들이 앓기 쉬운 감기, 요통, 복통, 뾰루지, 인후염, 편도선염, 후두염 같은 질병은 '사랑과 보살핌 행위를 유인하는 질병'이라고도 알려져 있다.

뿐만 아니라 아기는 생후 1년 동안 오감을 총동원하여 인생의 발판이 되어 줄 세상을 처음으로 경험하고 받아들인다. 첫인상만큼 기억에 깊게 각인되는 것도 없다. 이때 아기는 그 최초의 조우에 걸맞게 육체와 정신을 발달시키는 것이다.

때문에 부모라면 마땅히 따뜻하고 밝은 환경을 만들어주어야 하며, 동시에 다양한 자극을 제공해야 한다. 특히 오감(청각 · 촉각 · 미각 · 후각 · 시각) 중 시각과 촉각, 청각을 통한 경험과 인식은 아기의 신체 기관 발달에 지대한 영향을 미친다.

마음의 안식을 주는 음악과 부드럽고 다정한 대화(청각 자극), 애정이 담긴 엄마 아빠의 손길(촉각 자극), 시야 가득 들어서는 다정한 얼굴(시각 자극), 엄마 아빠의 익숙한 체취 혹은 엄마 아빠가 고심하여 마련한 좋은 향기(후각 자극)….

이렇듯 아기 마사지와 체조를 통해 충족된 오감의 만족은 아기의 신경과 두뇌 활동을 돕고 근육과 뼈, 내장 기관의 발달을 도울 뿐만 아니라 정서적 유대감과 안정감까지 다져주는 아주 중요한 학습 과정이다.

Baby Massage

아기 마사지와 체조의 역사는?

인도의 전통 육아법에서 출발한 아기 마사지와 체조는 1980년대 이후 인도의 전통적인 아기 마사지와 서구의 마사지 방법들이 결합되어 세계 각국에 보급되기 시작했다. 마사지의 기원을 거슬러 올라가면 동양에는 수기요법, 서양에서는 마사지라는 용어로 사용이 되었다.

수기 요법은 동양 의학 5000년의 역사를 훨씬 뛰어넘은 유구한 역사를 가지고 있다. 수기요법이란 병적 증후로 인해 활동이 저해되었던 부위를 손으로 어루만져 활력을 공급해주는 것을 말하며, 손에서 나오는 에너지는 혈액 순환과 대사 작용을 도와 원활치 못한 육체의 기능을 회복시킨다. 주무르거나 긁거나 두드리거나 쓰다듬거나 누르거나 하는 우리의 일상적인 행위는 몸의 불편함을 물리적인 방법으로 해결하는 일종의 원초적인 수기 요법이라고 할 수 있다. 경락·안마·지압 등은 수기 요법과 맥락을 같이해 온 치료법이며, 동양 의학의 경혈을 기초로 삼고 있다.

한편 '마사지'란 용어 자체는 프랑스 말이다. 그리스어인 'massein(주무르기)'에서 어원을 찾아볼 수 있으며, 중국의 수기 요법이 유럽으로 넘어가 프랑스어로 번역되었다는 기록이 전해지고 있다. 마사지는 사람의 손이 직접 상대방의 피부에 접촉되는 것을 원칙으로 하여 문지르기·주무르기·두드리기 등의 다양한 방법으로 행해진다. 이러한 물리적 행위를 통하여 피부나 근육의 혈액 순환과 림프액의 흐름을 촉진하고 신진대사를 왕성하게 하여 피부나 근육에 대한 영양 공급을 높인다. 또한 피부 자극에 의한 간접적인 반사 작용으로 인해 내장의 기능도 향상된다.

결국 동양의 수기요법이 서양에 전해져서 마사지라는 용어로 사용이되었고 현대에 와서는 수기요법이라는 용어보다 마사지라는 용어로 사용되고 있다고 할 수 있다.

그러나 둘의 차이는 위에서도 살펴보았듯이 동양에서는 경혈을 기반으로 치료법의 성격이 강하다고 할 수 있으며, 서양의 마사지는 경혈보다는 접촉을 통한 다양한 기법의 사용에 더 초점이 가 있다고 할 수 있을 것이다. 결론적으로 수기요법이나 기의 흐름, 원활한 신진대사를 통해 건강을 증진시키고자 하는 데에 궁극적인 목적이 있다고 할 수 있을 것이다.

아기에게
마사지와 체조가
필요한 7가지 이유

첫째, 아인슈타인의 머리를 만들어줘요

운동과 지능 발달은 어떤 함수 관계를 지니고 있을까? 성인에게는 운동과 지능의 인과 법칙이 성립하지 않는다. 그러나 아기의 경우는 운동과 뇌의 발달이 불가분의 관계를 이룬다.

이를 입증해줄 만한 실험 결과가 있다. 갓 태어난 쥐들을 두 그룹으로 나누어, 한 무리에게는 운동량이 많은 생활 공간을 주고 다른 무리에게는 동선이 없는 생활 공간을 주어 사육하였다.

미로에서 먹이를 찾는 실험을 실시한 결과, 움직임이 많았던 쥐 그룹이 먹이를 쉽게 찾았다. 뇌를 해부해 보니 움직임을 제한당했던 쥐의 뇌보다 움직임이 많았던 쥐의 뇌가 주름이 많고 용적이 크며 무게도 더 나갔다. 신체적 운동량이 뇌 발달의 중요 변수가 된다는 결론이다. 자연 생태계 역시 이와 같은 결론을 입증한다. 동작이 세밀하게 분화된 고등동물일수록 뇌 용량이 큰 것이다.

따라서 '천재의 뇌에는 주름이 많다'는 우스갯소리는 정설에 가깝다. 뇌의 질적 성장은 뇌 세포와 세포를 연결해주는 시냅스의 증식에 달려 있고, 뉴런과 시냅스의 증식이 많으면 많을수록 주름은 늘어날 수밖에 없다. 뉴런은 시냅스에 연결된다. 시냅스란 뇌가 내린 결정을 신경에 전달하는 관이다. 뇌가 컴퓨

터라면, 뉴런은 본체에 들어있는 각종 칩이고, 시냅스는 회로인 셈이다.

좋은 두뇌는 뉴런간의 상호 작용이 풍부하고 시냅스의 연결이 다양하고 정교하다. 뉴런과 시냅스의 수는 앞선 실험 결과가 말해주듯이 환경적 자극에 따라 많아질 수도 적어질 수도 있다.

막대한 양의 정보를 저장하고 본능과 이성의 밸런스를 조율하는 인간의 뇌는 다른 장기보다 일찍 성장을 시작한다. 출생 직후 아기의 뇌 무게는 평균 350g밖에 되지 않지만 한 달 후에는 420g으로 늘어난다. 생후 1년 무렵에는 1Kg~1.1Kg 정도가 되면서 성인 평균 1.4Kg의 70~80%가 된다.

결국 두뇌의 성장은 엄마의 배 안에서부터 시작하여 생후 1살 사이에 집중적으로 이루어지고, 이 시기에 얼마나 적절한 자극을 주느냐에 따라 지능이 결정된다는 사실을 알 수 있다.

오감을 통한 감각적 경험은 수많은 신경 회로의 연결을 용이하게 해주는 가장 큰 자극이다. 특히 촉각과 근육의 운동 감각은 감지되자마자 바로 뇌에 전달되는 즉각적 감각이다. 그러므로 이 시기에는 신체적 성장뿐 아니라 두뇌 발달에 지대한 영향을 미치는 총체적 성장 발육 프로그램인 아기 마사지와 체조를 실시하는 것이 큰 도움이 될 수 있을 것이다.

둘째, 손흥민도 부럽지 않은 신경계를 발달시켜요

신경계는 뇌에서 결정할 판단을 중추와 말초를 통해 온몸 구석구석에 전달하는 일종의 명령 하달 체계다. 뇌가 본부라면, 신경계는 전 국토에 깔려있는 고속도로와 국토인 셈이다. 동시에 체내외에서 발생하는 변화를 모니터하고 분석하여 어떤 조치를 취해야 할지 결정하는 것 역시 신경계의 주요 임무다.

마사지는 신경과 근육을 흥분시켜 신체 기능을 증진시키거나 혹은 반대로 지나치게 흥분된 신체 기능을 완화시켜 정상으로 되돌리는 역할을 한다. 또한 내장기관 등에도 영향을 미쳐 그 기능을 향상시킨다.

아기 마사지와 체조를 통해 얻을 수 있는 적절한 자극은 부드러운 흥분을 일으켜 자극에 대해 빠르고 민첩하게 반응하도록 도와준다.

따라서 이러한 신경계의 활성은 신체 전반의 운동 능력을 향상시킨다. 아기 마사지와 체조를 통해 이루어지는 다양한 자세 변화와 위치 변동은 자세 제어와 평형 능력도 발달시키게 된다. 이는 곧 아기가 일상 생활의 한 동작 한 동작을 익혀 나가는 과정에 있어 성취감과 자신감을 형성하는 데 많은 도움을 주게 된다.

자신감은 신체적 발달을 돕는 아주 중요한 요소다. 100m 달리기를 예로 들어보자. 우승은 정신적 만족감을 선사한다. 그리하여 달리는 행위 자체가 쾌감이 되고, 그 쾌감을 경험해본 사람은 달리기를 두려워하지 않는다. 그러나 중도에 넘어졌거나 좋지 못한 기록을 가지고 있는 사람은 달리기뿐만 아니라 체육 시간 자체에 공포를 느낀다. 당연히 달리기를 즐기는 사람은 달리기를 잘하게 되고, 달리기를 두려워하는 사람은 달리기를 못하게 된다. 이렇듯 운동신경의 발달은 자신감에 달려 있는 경우가 많다. 특히 영유아기의 신체적 경험은 평생을 좌우하는 경험이 될 수 있기때문에 더 중요하다.

때문에 몸을 제대로 가누지 못하는 아기에게 자신감을 불어넣어 주는 일은 무엇보다 중요하다. 몸을 뒤집고 다리를 지탱하는 최초의 시도가 수월하게 이루어질 때 아기는 자신의 신체 능력에 대해 자신감을 얻게 되는 것이다.

셋째, 균형 잡힌 아름다운 체형으로 가꿔줘요

키가 훤칠하게 크다고 아름다운 체형은 아니다. 좌우, 상하 비례가 대칭을 이루고, 신체의 각 부분이 고르게 발달되어 균형을 이루었을 때 비로소 아름다움을 갖추게 된다. 조각상들이 아름답게 보이는 것은 바로 이 균형미를 갖추었기 때문이다.

아기 마사지와 체조는 근육의 발달을 돕고 형태를 바로잡아 아름다운 체형을 만들어준다.

뇌세포 발달 과정과 마찬가지로 근세포와 근섬유의 발달 또한 영·유아기에 그 세포수 증가가 마무리된다. 이후의 성장은 운동이나 움직임의 정도에 따라 근육의 크기만 증가하는 것이다. 따라서 근육 발달에 있어 아기 마사지와 체조의 중요성은 두뇌 발달의 경우와 마찬가지로 막중하다.

물론 마사지만으로 근육의 힘이 강해지는 것은 아니다. 그러나 마사지가 혈액 순환을 높이고 체온을 증가시켜 근력 증강을 위한 기본을 제공하는 것만큼은 부인할 수 없는 사실이다.

바른 형태의 근육은 바른 골격의 형성과도 밀접한 관계를 갖는다. 근육은 뼈를 지지하는 역할을 하기 때문에 근육이 약하고 모양이 흐트러지면 골격도 당연히 굽고 휘어질 수밖에 없다.

아기 마사지와 체조를 통해 근육을 반복적으로 사용하는 습관을 들이면 유연성과 근력이 강화된다. 근육과 신경 시스템이 조화롭게 연결되면, 누워 있는 것보다 상대적으로 더 많은 힘과 균형 감각을 필요로 하는 앉기와 기기 같은 동작을 빨리 익힐 수 있다. 뿐만 아니라 근육에 흐르는 혈액량을 증가시켜 건강 면에서도 많은 도움을 준다. 또 안쓰는 근육도 움직이게 해 몸매가 아름답게 다듬어지는 장점도 있다.

넷째, '쭉쭉빵빵' 모델처럼 키가 커져요

인체의 고형 구조를 이루고 있는 골격은 뼈·연골·인대 등으로 구성되고 관절에 의해 연결된다.

골격의 주요 기능으로는 지지 작용·보호 작용·조혈 작용·저장 작용 등이 있다. 지지 작용이란 우리 몸이 바르게 설 수 있도록 지탱해주는 작용을 말하고, 보호 작용이란 몸 안의 장기들을 보호해주는 작용을 말한다. 조혈 작용은 적혈구를 생성하여 피의 생성을 돕는 것이며, 저장 작용은 뼛속에 영양분과 무기질 등을 저장해두는 것이다.

아기의 성장은 넓적다리나 팔의 긴뼈, 척추를 중심으로 이루어진다. 뼈의 성장은 각 뼈의 끝 지점인 골단이 자극을 받아 이루어지는 것이다. 아기 마사지와 체조를 통한 자극은 이 골단을 자극해 키가 자라게 하는 데 아주 중요한 역할을 한다. 또한 관절 내 혈액순환을 원활하게 해줌으로써, 신진대사를 돕고 관절액 분비를 촉진시켜 관절을 유연하게 만들어준다.

골절 치료에는 마사지 요법이 반드시 병행되곤 한다. 뼈의 회복과 성장은 순환에 달려 있으며, 순환을 돕는 데는 마사지만한 방법이 없기 때문이다.

그러나 너무 지나친 압력은 아직 단단해지지 않은 아기의 뼈와 관절에 무리를 준다. 관절이 손상되거나 이탈되면 관절뿐 아니라 주변 뼈 부분에까지 악영향을 미쳐 오히려 성장을 그르칠 수도 있다.

그러므로 반드시 정확한 방법을 익힌 뒤 시행해야 한다. 특히 척추는 대단히 조심스럽게 다뤄야 한다. 다치기 쉬운 부위인 데다, 일단 한번 다치고 나면 치유가 쉽지 않기 때문이다. 게다가 인체의 중심축이라 볼 수 있어, 이상이 생기면 서고 걷는 동작조차 제대로 수행할 수 없다.

다섯째, 피곤을 모르는 에너자이저가 돼요

심장·동맥·모세혈관·정맥으로 이어지는 혈맥 체계는 몸의 모든 기관 활동에 필요한 혈관과 산소를 공급하는 연료책이다. 적절한 강도의 마찰과 자극은 표피의 혈관을 확장시켜 혈액과 림프의 흐름을 원활하게 만들어준다. 그 결과 저항력과 면역력이 증대되고 노폐물의 체외 배출이 용이해져, 피부도 고와지고 몸도 튼튼해진다.

마사지는 신체 표면에 리드미컬하게 작용하는 일종의 피부 자극 요법이다. 마사지의 두드리기나 누르기 같은 방법들은 근육이나 피하조직에 자극을 가하여 혈액 순환을 도울 뿐 아니라 자율신경과 내분비선에 좋은 영향을 미쳐 대사의 불균형을 조절해준다. 뿐만 아니라 심신을 안정시키는 데도 효과적인 것으로 알려져 있다.

알다시피 순환이 잘돼야 피로가 누적되지 않는다. 더욱이 원활한 순환은 성장과 발달이 활발한 아기들에게 더 더욱 중요하다.

마사지와 체조로 아기의 몸을 움직여주면 각 기관이 움직이고 성장하는 데
필요한 혈액량이 증가하고, 그 요청에 부응하기 위해 심장은 더 열심히 뛰게
된다. 때문에 많이 움직이면 움직일수록 아기의 심장도 더욱 튼튼해 진다.

또 혈액 순환이 잘되면 각 기관에 혈액이 골고루 공급돼 기관의 작용과 성
장이 활발해진다. 또한 아기 마사지와 체조로 높아진 신진대사율은 피로와
스트레스성 질환을 방지한다. 특히 가슴 부위 마사지는 기관지 관련 증세와
천식, 폐렴 등 폐와 관련된 질환을 치료하는 데도 좋은 것으로 알려져 있다.

여섯째, 변비도 설사도 모를 만큼 건강해요

식사 직후 바로 수면을 취하면 속이 더부룩하고 답답해진다. 아기의 경
우도 마찬가지다. 엄마 젖이나 분유만 먹는 아기에게 소화장애가 웬 말인가
싶겠지만, 하루 종일 누워만 있는 아기의 위와 장은 모유나 분유를 분해시
키느라 열심히 움직이고 있는 중이다. 그러므로 아기 마사지와 체조로 위와
장의 활동을 도와주는 것이 좋다.

그렇다고 막무가내로 위와 장을 압박하는 것은 금물이다. 배를 살살 만
져주거나 무릎을 구부려 배를 눌러주는 간접적인 마사지 방법을 써야 한다.
자세한 내용은 5장에 언급되어 있으므로 반드시 참조하도록 한다.

출생시 체중이 1~2kg밖에 되지 않았던 40여 명의 저체중아들에게 하루에
한 번 5분씩 마사지를 실시한 결과 체중이 빠르게 증가되었고 식사 습관이 좋
아졌으며, 제때 변을 보게 되었다는 연구결과들이 이를 뒷받침해주고 있다.

아기 마사지는 배에 찬 가스를 제거하는 데도 효과 만점이다. 배 마사지와
체조를 해줄 때 아기들이 방귀를 뀌거나 대변을 보는 일이 종종 있는데, 이
는 마사지와 체조가 소화 작용을 원활하게 돕고 있다는 증거다. 소화 흡수가
빨라지고 통변이 촉진되면 신진대사는 물론 피부에도 좋은 영향을 미친다.

또한 등과 허리 부분에 부드럽게 마사지를 해주면 누워만 있는 아기들의

피로감을 해소해줄 수 있다. 또 혈액이 원활하게 흐르도록 도와주며, 신경 질적인 아기들의 반응을 완화시키는 데도 효과적이다.

일곱째, 아기와 엄마 모두 행복해져요

마사지를 받고 난 직후 온몸이 나른해지면서 솔솔 잠이 쏟아지는 경험을 해보았을 것이다. 확실히 신체적 이완은 정서 안정에 도움을 준다. 마찬가지로 마사지와 체조를 받은 아기는 잘 자고 잘 먹는다. 신체 발달 과정에 관한 자각도 빠르며 긍정적인 반응을 보인다.

화학적 설명을 빌리면, 스트레스 호르몬의 감소로 면역성이 증가되고 잔병치레가 줄어 건강해진다. 직접적인 정서적 효과로는 사회적 반응의 증가를 꼽을 수 있다.

불편함 없이 자신의 신체에 충분한 만족을 느낀 아기는 타인에게 관심을 기울이기 시작한다. 엄마와 아빠에게 애정을 표시하거나 다른 아기에게 친근감을 표현하는 빈도수가 잦고 그 표현 방법도 더욱 풍부해지는 것이다.

이처럼 아기 마사지와 체조는 부모와의 유대감을 강화시키는 데 결정적인 기여를 한다. 특히 엄마보다는 상대적으로 아기와 지내는 시간이 적은 아빠가 아기 마사지와 체조를 실시하면 아기와의 애착 관계가 쉽게 형성된다.

이 때 마사지를 받는 아기뿐 아니라 아기에게 마사지를 해주는 부모의 정서도 안정된다. 아직 아기를 키우는 기술이 부족한 부모들에게 아기 마사지를 시켜본 결과 육아에서 오는 스트레스가 감소됐고 결여되어 있던 자신감이 회복됐다는 연구 보고도 있다. 뿐만 아니라 아기와의 유대감이 강화되면 대부분의 산모가 치르는 산후우울증에도 효과를 볼 수 있다.

이러한 결과에서도 보여지듯이 아기 마사지는 아기와 부모를 자연스럽게 이어주며 행복을 증진시켜주는 훌륭한 가교의 역할을 한다.

조심조심!
막무가내로 주무르면
안돼요

아기들에게 마사지와 체조를 해주다 보면 참으로 행복해진다. 어쩌면 그리도 또랑또랑하게 눈빛을 반짝이는지…. 마사지에 취해 소록소록 잠든 모습을 보면 내 안에서 기쁨이 충만해진다.

아기들에게 제대로 정확하고 편안하게 마사지를 해주면 너무나 좋아한다. 그리고 그때마다 아기들은 놀라운 집중력을 발휘한다. 엄마가 아기와 소통하면서 한동작 한동작 세심하게 마사지를 하는 경우 때로 아기들은 긴장을 풀고 마사지를 즐기며, 이십여분을 훌쩍 넘겨도 잘 보채지 않는다. 생글생글 웃으며 엄마의 다음 손길을 기다리거나 어느새 잠에 빠져 있기도 한다.

이런 아기들의 모습을 보고 있노라면 마음이 조급해진다. 아기들을 편안하게 해주는 방법, 아기들을 건강하게 해주는 방법들을 세상 모든 엄마들에게 알려줘야 한다는 마음이 앞선다.

다행히 최근 아기 마사지와 체조에 관한 관심이 부쩍 늘어나면서 산후조리원이나 산부인과에서도 산모에게 아기 마사지와 체조에 관한 교육을 실시하고 있다. 그러나 실상을 보면 대부분 대충대충 시늉만 내는 수준이거나 오히려 하지 않느니만 못하게 거칠고 어설프게 하는 일이 다반사다.

무엇보다도 성의가 없다. 그저 아기의 몸에 오일을 발라 여기저기 주물러주는 정도로만 생각하는 경우가 많다. 오일을 덕지덕지 바른 손으로 아기의 손과 다리에 마구 기름칠을 하는 한 엄마에게 물었더니, 무조건 짧은 시간에 끝마치도록 배웠다고 말했다.

이보다 더 큰 문제는, 아기 마사지를 일종의 어른 마사지와 유사한 것으로 생각해 아기의 몸에 지나친 압력을 준다는 것이다. 어떤 아빠는 마사지를 해준다며 큰 손으로 덥석덥석 아기를 주물러댔다. 어떻게든 좋은 아빠가 되려는 그의 노력은 가상했지만, 아기 머리보다 더 큰 솥뚜껑 같은 아빠 손이 연약한 아기 머리와 가슴을 만지는 모습에는 조마조마해지지 않을 수 없었다.

다시 강조하지만 아기의 몸은 조심스럽게 다루어져야 한다. 그리고 무조건 빠른 시간 안에 오일만 발라주어서는 제대로 된 마사지 효과를 거둘 수 없다.

마사지는 적당한 물리적·기계적 작용을 통해 혈관의 수축과 이완을 돕고 근육의 피로를 풀어주는 것이다. 따라서 천천히 부드럽게 그리고 리듬감 있게 행해져야 하며, 적당한 압력과 시간, 횟수 등이 조절되어야 그 효과를 제대로 거둘 수 있다. 무엇보다 엄마 아빠의 손길이 닿는 감촉을 아기들이 느낄 수 있도록 해주어야 한다.

어른들에게는 대수롭지 않은 자극이 아기에게는 자칫 위험한 자극이 될 수도 있다. 그래서 때로는 무른 뼈에 골절이 생기거나 장기가 파열되는 위급한 상황이 일어나기도 하는 것이다.

무엇보다도 아기 마사지와 체조가 소중한 우리 아기를 위한 유익하고도 유쾌한 교육 시간이라는 점을 먼저 깨달아야 한다. 엄마 아빠의 부드러운 손길이 아기의 정신적·육체적 발달을 돕는 중요한 과정이 된다는 사실을 명심하자.

먼저 아기의 성장 발달 수준을 이해하라

아기 마사지와 체조는 아기의 생체적·신체적·정서적 발달을 돕고자 하는 것이다. 따라서 엄마 아빠는 우선 아기의 성장 발달에 관해 제대로 이해하고 있어야 한다. 1개월 된 아기를 두고 욕심을 부려 3개월에 해당하는 마사지를 한다면 역효과를 초래하는 것이다. 더불어 반드시 올바르고 적당한 방법을 숙지해야 한다. 어떤 부위를 어떠한 방법과 압력으로 마사지하면 어떤 효과를 거둘 수 있는지를 모른다면 차라리 안 하느니만 못한 게 아기 마사지와 체조다.

아기 마사지의 원리는 먼저 문지르기를 통해 근육의 모양을 파악하고 혈액 순환을 원활하게 만들어준 다음, 각 부위를 주물러 근육을 유연하게 만들고 노폐물이 피부 밖으로 배출되도록 하는 것이다. 그렇다고 단순히 비비고 문지르는 것만이 능사가 아니다. 적당한 강도와 적절한 시간이 필요하다.

아기에게 압을 가할 때는 아프지 않을 정도로 지그시 누른 다음 3~4초 지난 뒤 살며시 힘을 빼는 것이 요령이다. 적당하지 않은 강도와 속도는 신경계를 흥분시키고 근육도 경직시킨다.

한편 마사지 방향도 중요하다. 방향이 잘못되면 마사지의 주요 목적인 순환에 역행할 수도 있기 때문이다. 손과 발 등 심장과 멀리 떨어진 부분에서 몸체로 해 나가는 것이 원칙이다. 가볍게 쓰다듬어주는 정도로도 애착 관계 형성과 정서 안정 효과는 충분하다. 하지만 더 나아가 아기의 건강과 신체 발육에 도움을 주기 위해서는 바른 방법으로 제대로 마사지를 해야 한다.

Baby Massage ②

아기 마사지 체조, 이것만은 잊지 말자!

- **아무리 좋은 마사지 체조도 아기가 원하지 않으면 독이다.**

  반드시 아기가 원할 때 해야 한다. 조금이라도 보채거나 싫은 기색을 보이면 중도에라도 그만두는 것이 좋다. 아기가 아프거나 컨디션이 좋지 않을 때도 삼간다. 또한 식후에도 소화 시간을 염두해 두고 일정 시간이 지난 후에 실시한다.

- **반드시 적당한 압으로!**

  아기의 관절과 근육의 탄력은 매우 약한 상태다. 그러므로 깨지기 쉬운 사기 인형처럼 조심조심 다루어야 한다. 아기 마사지와 체조에서 사용되는 '주무르기'라는 용어는 어른들의 그것과는 전혀 다르다는 점을 이해해야 한다. 다섯 손가락과 손바닥의 모든 힘을 사용하여 압력을 가하는 것이 아니라 두세 손가락으로 조물락 조물락 문지르는 정도, 때문에 마사지와 체조를 시행하기 전에 반드시 월령별 프로그램을 이해해야 한다.

- **월반은 금물, 반드시 월령에 맞춰야 한다.**

  아기는 자고 일어나면 쑥쑥 자라는 것 같지만, 실은 일정한 단계에 따라 필요한 발달단계를 거치며 성장한다. 그러므로 자신의 아기가 다른 아기들에 비해 약간 크거나 작거나에 상관없이 월령별 발달단계에 따라 실시해야 한다. 몸무게나 신장 등 겉으로 드러나는 발육 상태가 좋다고 앞선 단계의 프로그램을 마구잡이로 실시하면 오히려 역효과만 난다.

- **순서를 지켜야 한다.**

  아기 마사지와 체조는 대개 10~11개의 동작으로 짜여 있다. 이는 몸과 마음을 풀어주고, 월령별 발달에 필요한 구체적 동작들이 등장한 다음 마무리 동작으로 마칠 수 있게 프로그래밍한 것이다. 성장 발달을 돕는 마사지와 체조 역시 순환 효과를 고려하여 프로그래밍한 것이다. 때문에 가능한 한 마사지·체조 순서를 지켜 실시하도록 한다.

- **월령별 프로그램은 꾸준하게, 상황별 프로그램은 필요할 때마다!**

  가능하면 월령별 프로그램은 매일매일 꾸준하게 시행하는 것이 좋다. 그렇다고 어른들마냥 시간을 정해서 할 필요는 없다. 앞에서도 강조했듯이, 아기의 컨디션이 좋을 때 하면 된다. 뒤에 나오는 상황별 프로그램들, 특정 부위의 발달을 돕거나 아기가 아플 때 해주면 좋은 마사지와 체조는 상황이 요구하거나 아기의 컨디션이 특별히 좋을 때만 실시한다. 한편 특정 부위의 발달을 돕는 체조들은 필요한 시기의 월령별 프로그램에 이미 다 포함되어 있으므로 큰 욕심을 부리지 않도록 한다.

- **아기의 호흡에 주의하라.**

  아기의 월령이 어릴수록, 자칫 호흡에 곤란을 겪을 수 있다. 특히 아기를 엎드리게 한 후 실시해야 하는 마사지체조의 경우, 아기의 팔을 앞으로 하여 호흡에 문제가 없는지 잘 살펴야 한다.

새로운 나로 거듭나는
산후 12개월 엄마 프로그램

아기를 잉태한 순간부터 여성들은 본격적으로 엄마가 될 준비를 한다. 아기를 위해 먹고 아기를 위해 자고 아기를 위해 운동을 한다.

그렇다면 자신의 몸은 아기가 태어난 후에나 돌볼 생각을 하는 걸까? 하지만 출산 후에는 육아에 치여 정작 임신 때보다 더 자신의 몸을 방치하게 되는 것이 현실이다. 처녀적 몸매는 차치하고라도 부기도 제대로 빠지지 않은 상태에서 찌뿌드드한 컨디션으로 지내기 일쑤인 것이다.

그러나 이것만은 알아두자. '여성의 몸은 임신과 출산을 통해 비로소 완성된다.'

그렇다고 출산 경험만으로 출산 전보다 무조건 건강해질 거라 생각한다면 크나큰 오산이다. 여성의 몸은 생리적으로 출산을 통해 늘어나고 축소되는 과정을 거쳐야만 완성되지만, 전제가 있다.

생의 어느 때보다도 더욱 건강 관리에 신경을 기울여 산후 조리를 해야 한다는 사실이다. 아기를 돌본다며 내 몸을 방치했다가는 평생에 걸쳐 산후 조리를 잘못한 대가를 치러야 한다.

임신으로 인한 모태의 변화는 실로 엄청나다. 일단 태아의 생활공간이 되는 자궁은 원래의 주먹만한 크기에서 임신 말기에는 50배 이상 늘어나 출산 직후 자궁의 무게만 해도 1kg이 넘는다. 출산 후 4~6주가 지나면 60~70g으로 줄어드는데, 자궁 속에 있는 난관과 난소 역시 출산 직후에는 충혈되어 있다가 자궁이 회복되면서 정상으로 돌아오는 것이다.

유방의 변화도 놀랍다. 일단 색소가 침착되면서 유두가 검게 변할 뿐 아니라 유선이 발달하면서 커지고 처진다. 빈 젖에서 모유라는 '신비로운 생명의 젖즙'이 흐르게 되니, 그 내부 구조의 변화란 이루 말할 수 없을 것이다.

찬바람이 들지 않게 하고 외부 출입으로 병원균이 침입하지 못하도록 금줄을 두르고 출입을 통제하는 삼칠일(三七日)의 풍습은 3×7일, 즉 21일 동안은 최우선적으로 안정과 휴식을 취하라는 뜻이다. 이는 출산으로 헐거워진 뼈마디가 엉성하게나마 제자리를 찾아가는 데 필요한 최소 시간이다.

출산 직후 산모는 사지 관절 부위의 인대가 매우 약해져 있다. 이때 수유를 위해 아기를 안거나 찬바람을 쐬게 되면 관절에 무리가 가서 고생을 하게 된다.

이렇게 늘어난 자궁 경부와 커진 유방, 헐거워진 뼈마디가 임신 전과 같은 상태로 되돌아가려면 적어도 산후 6~8주 이상은 걸린다. 이 역시 최소 시간일 뿐이지, 이전과 같은 근력을 되찾기 위해서는 산후 1년간 관리를 꾸준히 해야 한다.

그렇다고 무턱대고 뜨끈한 방바닥에 누워 옴짝달싹하지 않는 것은 자궁과 같은 내부 장기는 물론 각종 관절과 근력의 회복을 더디게 만든다. 뿐만 아니라 호르몬의 이상 분비로 산후통을 겪기도 쉽다.

산후 조리를 제대로 못하면 냉증 · 월경불순 · 기미 · 갱년기 장애 · 골다공증 · 관절염 · 신경통 · 류머티즘 등의 부인병으로 평생 고생하기 쉽고, 불어난 몸 역시 1년 안에 다잡지 않으면 평생 돌아올 기미를 보이지 않는다. 특히 출산할 때 압박을 받아 방광벽의 긴장이 없어지고 괄약근이 늘어나거나 요도구가 늘어지기 때문에 생기는 요실금은 참으로 곤란하고 다스리기 힘들다.

따라서 엄마들 역시 아기를 출산하고 난 후 각 단계에 맞는 운동을 해줘야 한다. 아기를 위한 15분, 엄마를 위한 15분, 하루 30분이면 아기와 엄마 모두가 건강해질 수 있다.

아기 마사지를 시행할 경우 엄마에게 프로락틴이란 호르몬 분비가 촉진되어 모유 생산에 도움을 주고, 스트레스 호르몬의 일종인 카테콜라민의 분비를 저하시켜 요로계의 기능을 정상으로 회복시키는 데에 도움을 준다.

엄마를 위한 체조는 신체 각 기관의 기능을 회복시켜줄 뿐만 아니라 출산 후 경험하게 되는 특이한 증후들, 즉 요실금 · 요통 · 견비통 · 수유통 등을 없애주고 흐트러진 팔다리 · 복부 · 엉덩이 등의 라인을 되살리는 데 도움을 준다.

아기 마사지와
체조의 기본 법칙

part

2

시작하기 전
기억해야 할 몇 가지

첫째, 아기가 원할 때 해야 한다

만져주고 쓸어주는 식의 부드러운 동작이 많은 아기 마사지와 체조는 체계화된 스킨십이라 할 수 있다. 갓 태어난 신생아에게도 아기 마사지와 체조를 해줄 수 있는데, 일찍 시작하면 할수록 효과는 더욱 좋다.

매일같이 규칙적인 시간에 해야 하는 것은 아니다. 엄마 위주로 편안한 시간을 정해놓고, 그 일정을 지키겠다고 잠든 아기를 억지로 깨운다거나 하는 것은 좋지 않다.

마사지를 시작할 때 최우선으로 고려해야 할 것은 아기의 상태다. 마사지를 하는 동안에도 아기의 반응에 주의를 기울여야 한다. 때문에 아기가 조금이라도 불편해하거나 거부 반응을 보이면 중지하는 것이 좋다.

때로 동작을 지나치게 오래 반복하면 아기가 지치고 힘들어한다. 태어난지 한 달 미만의 아기에게 적당한 마사지 시간은 5~10분 내외이다. 갓 태어난 신생아의 경우에는 추위를 많이 타 감기에 걸릴 우려가 높으므로 너무 오랫동안 하지 않는 것이 좋다.

월령별로 점차 시간을 늘려가되 12개월에는 15분, 2~3살 이후는 30분 내외로 조절하는 것이 좋다.

또 심하게 울거나 보챌 때, 식사 직후, 선잠에서 깨어났을 때, 피부 염증이나 트러블 혹은 기타 다른 질병을 앓고 있을 때도 삼가야 한다.

둘째, 먼저 쾌적한 환경을 만들어라

새로운 세계를 응시하고 자각하기 시작하는 아기는 의외로 환경에 민감하다. 첫인상이 기억 속에 깊이 각인되듯, 사물과 환경으로 부터 받아들인 최초의 자극들은 아기의 정서를 오래 지배하고 신체와 두뇌 발달에 큰 영향을 미친다. 그러므로 아기 마사지를 실시할 때는 온도 · 습도 · 채광 · 위생 상태 등을 점검하여 깨끗하고 밝은 분위기를 만들어주는 것이 좋다.

Baby Massage

아기가 원하는 마사지

특별히 정해진 자세가 있는 것은 아니지만 침대나 바닥에 반듯하게 눕히거나 엎드리도록 하여 아기가 편안함을 느끼게 해주는 것이 중요하다. 엎드리게 할 때는 아이의 눈앞에 장난감을 놓아주거나 베개를 받쳐 호흡 곤란이 올 수 있는 상황을 예방해야 한다.

- 목욕 후 몸에 물기가 완전히 말랐을 때나 기분이 좋아 보일 때 마사지한다.
- 젖이나 음식을 먹인 직후는 금물, 반드시 30분~1시간 정도 지난 후 한다. 식후에 바로 하면 토하기 쉽다.
- 바닥에는 두툼한 이불이나 수건을 깔아놓는다.
- 얇은 내의를 입히거나 맨살로 한다. 추위를 타면 수건을 덮어준다.
- 기저귀를 갈아 채워 쾌적한 컨디션을 만들어주는 것이 좋다. 막 대소변을 본 경우라면 깨끗이 닦아준 뒤 맨몸을 마사지해주는 것도 좋다.
- 싫어하는 기색을 보이면 중지한다.
- 염증이 있거나 열이 있을 때는 삼간다.

맑은 공기를 마실 수 있도록

어른과 마찬가지로 아기 역시 마사지와 체조를 할 때는 본능적으로 평상시보다 깊고 규칙적인 호흡을 한다. 그러므로 공기의 청정도는 아주 중요하다.

산소량이 많은 신선한 공기는 머리를 맑게 하고 혈액을 깨끗하게 정화시켜준다. 그러므로 마사지와 체조를 시작하기 전에 창문을 열어 환기를 해두는 것이 좋다. 이때 아무래도 실온이 떨어지게 되므로 아기는 다른 방에 옮겨두었다가 환기 후 실내 온도가 따뜻해지면 데려온다.

실내 온도와 습도에 각별한 주위를

쾌적한 환경을 만들 때 가장 주의를 기울여야 하는 것은 실내 온도다. 아기의 체온은 어른보다 다소 낮은 편이어서 평소에도 보온과 열량 섭취에 신경을 써야 한다. 옷을 벗긴 상태로 너무 오랫동안 마사지를 하게 되면 감기에 걸리기 십상이다. 아기에게 적당한 온도는 23~25℃.

습도는 체감 온도와 상관 관계에 있다. 너무 건조하면 춥게 느껴지고 호흡기 질환을 유발할 수 있다. 한편 너무 습해도 짜증이 나기 쉽고 기저귀 발진 같은 피부염 증상이 나타나기도 한다.

따뜻하고 밝은 채광을

신생아의 눈은 망막 구조가 불완전하고 시신경의 발달이 완성되지 않은 상태다. 수유 중 엄마의 얼굴만 간신히 볼 수 있을 만큼 시력도 미흡하다. 그럼에도 채광의 상태가 중요한 것은 빛의 양이 시각뿐 아니라 체온 유지와 정서 안정에도 상당한 영향을 미치기 때문이다. 날씨가 우중충하면 기분이 우울해지기 쉬운 것과 같은 이치다. 아기도 마찬가지로 따뜻하고 밝은 장소에서 마사지를 받을 때 좋은 느낌을 간직하게 된다.

청각과 후각의 발달 효과까지

음악을 틀어놓거나 좋은 향기를 맡게 하는 것도 정서 안정과 두뇌 발달에 도움이 된다. 마사지의 직접적인 효과는 촉각에 집중되어 있지만 환경을 조금만 배려하면 아기의 시각과 청각, 후각의 발달 효과도 거둘 수 있다. 아기들이 좋아하는 음악과 향기는 아래 나오는 준비물에 자세히 소개되어 있다.

셋째, 준비물을 점검하자

너무 두껍지도 얇지도 않은 담요

아기는 어른보다 체온이 낮은 편이다. 그러므로 한여름이라도 찬 바닥에 눕히는 것은 금물. 아기 마사지와 체조를 할 때도 항상 담요나 매트리스를 깔아주는데, 땀 흡수가 잘되고 보송보송한 느낌이 들며 세탁이 쉬운 면 제품이 좋다.

마사지를 해주는 동안 아기의 용변이나 마사지 오일이 묻을 수 있으므로 요 위에 수건을 깔아두도록 한다. 그리고 요의 두께는 너무 두꺼워도, 너무 얇아도 안 된다. 너무 얇은 요는 체온 유지가 안 되고, 너무 두꺼운 요는 힘을 주면 밑으로 꺼져 아기의 척추에 무리를 주기 때문이다.

비타민이 풍부한 식물성 오일

오일은 마찰의 부담을 줄이는 윤활유 역할을 한다. 뿐만 아니라 보습과 영양 보충으로 피부를 촉촉하고 튼튼하게 만들어준다. 오일은 비타민 함량이 많은 식물성 오일이 좋은데, 아기가 손가락을 입에 물 수도 있으므로 방부제나 향료 등이 첨가된 제품은 절대 금물이다. 예를 들어, 볶지 않은 생참깨로 짠 참기름은 진한 향 없이 아기의 피부트러블을 줄이고 피부 면역을 강하게 하며 먹어도 좋은 오일이라 아기 마사지에 권할 만하다.

베이비 오일에 꿀을 첨가해 사용해도 좋다. 꿀은 보습과 영양 공급에 탁월한 효과를 발휘한다. 단, 꿀을 사용한 후에는 반드시 아기를 씻겨야 한다.

오일을 아기 몸에 직접 떨어뜨리는 방법은 좋지 않다. 엄마 손바닥에 서너 방울을 떨어뜨린 다음 손가락과 손바닥 전체가 촉촉해지도록 비빈다. 오일을 엄마 손바닥에 먼저 떨어뜨려 비비는 것은 오일을 골고루 발라주기 위한 이유도 있지만, 엄마의 손바닥 온도를 데워 피부에 접촉했을 때 아기가 놀라거나 움츠러들지 않게 하기 위해서다. 그러므로 차가운 오일을 아기 몸에 직접 떨어뜨리지 않도록 유의한다. 오일을 많이 발라 너무 미끈거리는 것도 마사지 효과를 떨어뜨린다.

여름에는 특히 오일 사용에 주의하자. 땀띠를 유발하거나 모기에 물리기 쉽기 때문. 그러므로 마사지가 끝나면 수건으로 감싸 오일을 흡수시키거나, 오일이 완전히 스며들기를 기다렸다가 파우더를 발라주는 것이 좋다.

아기가 편안해하고 좋아하는 음악

인간의 뇌파와 가장 비슷한 파장을 가진 클래식 음악이 아기의 성장 발달을 돕는 데 가장 적합하다는 연구 결과가 나와 있다. 그러나 클래식 음악도 천차만별로 모차르트의 작품은 정서를 풍요롭게 만들어주지만 바흐나 베토벤 같은 경우는 간혹 불안감을 불러일으키기도 한다. 그러니 반드시 클래식 장르만 들려주어야 한다는 법은 없다.

아기 마사지와 체조에서 음악의 역할은 안정감을 갖도록 하는 데 있다. 그러므로 아기가 편안해하고 좋아하는 음악을 준비한다. 아기가 어떤 음악을 좋아하는지 엄마는 이미 알고 있다. 태교를 위해 여러 가지 음악을 들려주었을 때 뱃속의 아기가 나타냈던 반응을 기억하고 있을 것이다. 아기의 표정으로도 알 수 있다. 편하고 좋은 음악에는 환한 미소를 짓지만, 듣기 싫은 음악이 나오면 인상을 찌푸릴 것이다.

꼭 멜로디가 있는 음악이 아니어도 좋다. 바람 소리나 시냇물 소리, 나뭇잎이 쏴아 하고 움직이는 소리 같은 자연의 소리를 들려주어도 좋다. 실로

폰 같은 한 가지 악기 소리에도 좋은 반응을 보이는데, 아기들은 대체로 높은 음을 좋아하는 경향이 있다.

어떤 음악을 들려주건 간에 엄마가 유념해야 할 점은 다른 소리가 방해하지 않도록 하는 것이다. 초인종, 전화벨 소리, 창 너머로 들리는 갖가지 소음이 섞이지 않도록 주의하자. 한 동작을 하다가 전화를 받고, 또 한 동작을 하다가 현관문을 여는 식이라면, 아무리 좋은 음악을 틀어놓았다 해도 아기는 불안해지기 마련이다.

엄마 아빠의 체취나 천연 향

아기는 엄마 뱃속에서부터 냄새를 맡을 수 있다고 알려져 있다. 출생 직후 16시간만 지나도 냄새의 위치를 찾아내 싫은 냄새에는 고개를 돌린다고 하니 후각의 발달은 시각보다 훨씬 빠르게 이루어지는 셈이다. 그러므로 이왕이면 아이가 좋은 향기를 맡을 수 있도록 해주자.

엄마 아빠가 일상적으로 은은한 향수를 사용하여 특유의 향기를 기억할 수 있도록 하는 것도 한 방법이고, 천연 향을 이용한 공기 정화법을 이용해보는 것도 좋다. 아로마 램프를 사용하는 것이 일반적인데, 분무기나 가습기에 아로마 오일 몇 방울을 떨어뜨린 후 분사하거나, 오일을 묻힌 티슈나 손수건을 아기 머리 주변에 놓아두어도 된다.

아로마 오일의 양은 어른 용량의 1/2~1/3 내외로 한다. 향의 종류는 3개월 단위로 바꾸어주는 것이 좋다. 신생아에겐 특히 라벤더와 캐머마일 향이 좋은데, 두 가지 모두 피부를 보호하고 잠을 잘 오게 하는 특성이 있다. 감기 기운이 있을 때는 유카리 향을 사용한다. 정신을 맑게 하고 행복감을 증대시켜주는 레몬 향도 좋다.

좋은 향기와 함께하는 마사지 시간은 아기에게 편안하고 아늑한 안정감을 선사할 것이다.

넷째, 아기와 눈을 맞춰 안도감을 주어라

아기의 입장에서 보자면 탄생은 모체와의 분리를 의미한다. 이 급작스러운 변화는 공포와 불안감을 동반한다. 그러므로 애정이 담긴 말이나 뱃속에서부터 익숙한 엄마의 심장 고동 소리를 자주 들려주는 것이 좋다.

아기 마사지와 체조는 부드러운 마찰과 접촉을 통해 아기의 피부를 건강하게 만들어주고, 신체 발달을 도모하며, 친근감과 안도감을 느끼게 해준다.

어릴 적 배앓이를 감쪽같이 가라앉혀주던 엄마 손, 그 '약손'의 비밀은 이미 과학적으로 검증된 바 있다. 엄마의 손바닥에서 나오는 좋은 기가 아이의 막힌 혈을 뚫고 응혈을 풀어준다는 것이다. 마사지 과정에서도 기운이 전달되므로, 엄마 아빠는 아기와 접촉하기 전 몸과 마음의 컨디션을 최상으로 조절할 필요가 있다. 마음이 불쾌하고 어지러운 상태에서 마사지를 하면 불안정한 기운이 아기에게 고스란히 전해지기 때문이다.

자, 이제 마음을 고요하고 평온한 상태로 가라앉혔다면 아기와 대화를 나누기 시작한다. 가볍게 아기의 몸과 머리를 쓰다듬으면서 "○○야, 엄마가 마사지해도 되겠니? 이제 우리 재미있는 마사지를 해보자" 하는 식으로 아기의 의사를 살핀다. 처음에는 별로 의미가 없는 것으로 생각되지만, 이러한 대화의 시간을 통해 아기는 자신이 인격체로서 존중받고 있음을 느끼게 된다. 만일 아기가 짜증스러워하거나 울고 보채면 일단 마사지를 포기해야 한다.

마사지를 시작하기 전, 엄마나 아빠가 간단하게 유연성 체조를 실시하는 것도 좋다. 아기로 하여금 '엄마랑 아빠랑 같이 한다'는 안도감이 들게 할 뿐 아니라 엄마 아빠의 일상적인 자세도 훨씬 반듯해진다.

엄마와 아빠의
바른 호흡

이제 아기 마사지와 체조를 시작할 준비가 되었는가?

잠깐! 다시 한번 점검해 보자. 다음은 마사지 시작 전 체크해야 할 중요 사항들이다.

우선 편안한 복장으로 갈아입는다. 자세를 바르게 하고 자연스럽게 임하는 것이 중요하다. 그 다음, 손을 깨끗이 닦고 손톱이 짧게 잘려 있는지 본다. 아기의 월령에 맞춘 마사지 방법과 요령을 충분히 숙지하고 있는지도 점검해보자.

준비가 되었다면 숨을 깊게 들이마시고 내쉬는 과정을 반복하여 호흡을 정리한다. 간단한 명상으로 머리와 마음에 긍정적이고 행복한 기운을 불어넣는다. 아이에게 이야기해줄 대화 내용을 생각해도 좋다. 머리를 정리했다면 오일을 손에 덜어 손이 따뜻해질 때까지 충분히 비빈다.

마사지는 가볍고 세밀하게 한다. 마사지하는 동안은 아기에게 집중하여 아기의 반응을 살펴야 하는데, 대화 내용은 어떤 것이든 상관없지만 발음을 정확하게 하는 것이 중요하다. 한 단어나 문장을 반복하는 것도 좋다.

마사지를 할 때 특히 옆구리의 늑골, 고환과 생식기 등의 급소는 되도록 만지지 않도록 조심한다.

좀 더 구체적으로 엄마와 아빠의 바른 안정을 위한 호흡법을 알아보자.

마사지 전 마음을 가다듬기 위해 엄마 아빠가 해야 할 이 호흡법은 산소 흡입을 증가시켜 혈액을 정화시켜준다. 몸 안에 맑은 산소가 들어오면 대사 작용이 원활해지고 정신도 맑아질 뿐만 아니라 긴장을 해소시켜 마음이 차분해진다.

편안한 자세로 앉아서 하되, 눈을 감아 배의 움직임에 집중하도록 한다. 평상시에 해도 좋은 호흡법이다.

엄마 아빠의
안정을 위한 호흡법

1

매트(이불이나 방석) 위에 무릎을 꿇고 앉아서 양손을 배 위에 얹는다. 머리를 똑바로 세우고 얼굴 근육은 편안하게 이완시킨다. 등은 가능한 곧게 펴도록 한다. 앉는 방법은 자신에게 맞게 편안하게 앉으면 된다.

2

몸 안에 신선한 공기를 가득 채운다는 느낌으로, 천천히 코로 숨을 들이마신다. 풍선이 부풀어 오르는 것처럼 배가 불러오는 것을 느낀다. 이때 어깨가 움직이지 않도록 주의한다.

3

배에 공기가 가득 차면 입으로 숨을 부드럽게 내쉬기 시작한다. 약 5~8초간에 걸쳐 배에서 공기가 완전히 빠져나가는 것을 느끼면서 배가 수축되도록 완전하게 숨을 내쉰다. 이 과정을 4~8회 반복한다.

다음, 아기 마사지를 시행하기 전에 엄마 아빠의 몸부터 풀어보자. 수축이완법은 엄마 아빠의 몸 각 부위에 대한 감각과 신체 통제력을 증진시켜준다. 뿐만 아니라 마음을 안정시키는 데도 효과가 있다.

조명을 낮추고 잔잔한 음악을 틀어놓은 상태에서 하는 것이 좋고, 앞에서 익힌 호흡법을 병행하면 한결 효과적이다. 실시하는 부위에 정신을 집중하고, 각 항목당 4회씩 반복하도록 한다. 동작을 할 때는 바닥에 쿠션을 깔고 편안한 자세로 앉아서 해도 좋고, 편안한 의자나 소파에 앉아서 해도 좋다. 이 수축이완법은 특히 산후 직후부터 바로 할 수 있는 운동으로 분만으로 인해 긴장된 몸을 이완시켜주는 데 탁월하다. 신체 각 부위에 집중하면서 실시해보자.

엄마 아빠의 몸을 풀어주는 수축이완법

각 동작을 호흡과 함께 4회씩 반복한다.

1

양쪽 어깨에 힘을 잔뜩 주어 위로 쭉 끌어올린다. 이때 코로 숨을 들이마신다. 다시 어깨의 힘을 완전히 툭 하고 풀면서 숨을 천천히 내뱉는다.

2

가슴 앞에서 양 손바닥을 마주 대고 숨을 들이마시면서 힘껏 민다. 힘을 완전히 빼면서 팔은 편하게 둔 상태에서 숨을 내뱉는다.

3

양손을 무릎 위에 놓는다. 손에만 정신을 집중하고 숨을 들이마시면서 주먹을 꽉 쥔다. 숨을 내뱉으면서 손의 힘을 완전히 풀어준다.

4

숨을 들이마시면서 팔꿈
치까지만 집중하여 힘을
준다. 숨을 내뱉으면서 힘
을 완전히 뺀다.

5

두 팔을 어깨 높이로 하여
앞으로 든다. 숨을 들이마
시면서 팔 전체에 힘을 꽉
준다. 숨을 내쉬면서 힘을
풀고 천천히 내린다.

6

숨을 들이마시면서 엉덩
이에 힘을 준다. 특히 질
을 안으로 끌어올리듯 힘
을 준다. 숨을 내뱉으면서
힘을 완전히 뺀다.

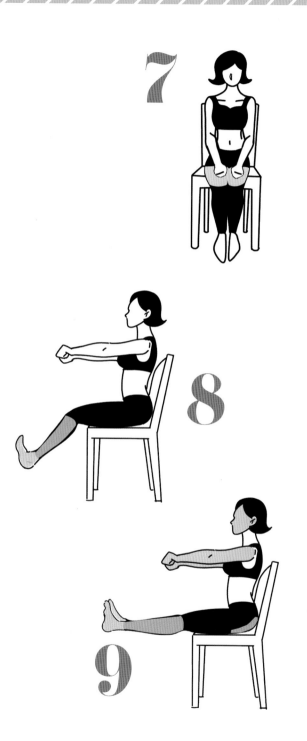

7

숨을 들이마시면서 넓적다리에 힘을 주되, 두 무릎을 붙여 안으로 조이듯 한다. 숨을 내뱉으면서 힘을 완전히 뺀다.

8

의자에 앉아 숨을 들이마시면서 두 발을 앞으로 쭉 뻗는다. 뒤꿈치만 땅에 대고 발 앞쪽은 힘을 주어 발목 쪽으로 꺾어준다. 바닥에 앉은 경우도 마찬가지. 다리를 앞으로 쭉 뻗고 발목을 꺾는다. 다시 숨을 내뱉으면서 힘을 뺀다.

9

숨을 들이마시면서 얼굴 · 팔 · 어깨 · 엉덩이 · 다리 등 전신에 최대한 힘을 준다. 온몸에 힘을 빼고 축 늘어진 자세로 돌아온다.

아기 마사지의
기본 기술

일반적으로 사용되는 마사지 기술로는 가볍게 문지르기(경찰법) · 주무르기(유념 또는 유연법) · 세게 힘주어 주무르기(강찰법 또는 파악법) · 두드리기(고타법) · 진동시키기(진동법) · 누르기(압박법) · 이완시키기(이완법) · 움직이기(운동법) 등이 있다.

아기는 신체 면적이 작고 뼈와 살이 연약하기 때문에 마사지 방법에 제약이 많을 수밖에 없다.

아기에게 적합한 마사지법은 가볍게 문지르기 · 진동시키기 · 주무르기 · 누르기 · 움직이기 등이다. 문지르기와 주무르기, 누르기는 아기 마사지에 특히 많이 사용되는 대표적인 방법이다.

문지르기

1

손바닥 전체로 문지르기

아기의 팔 전체나 다리 전체 그리고 가슴이나 등, 엉덩이 등을 쓸어내릴 때 사용한다. 손가락과 손바닥 전체를 밀착시켜 가볍게 문질러준다.

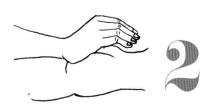

2

손바닥 밑 부분으로 문지르기

손바닥 하단의 두툼한 부분에 살짝 힘을 주어 문질러주는 방법이다. 엉덩이나 다리에 행한다.

3

네 손가락으로 문지르기

엄지손가락을 제외한 나머지 네 손가락을 모아 쭉 펴서 문지르는 방법이다. 아기의 옆구리나 어깨뼈, 배 부위에 행한다.

4

두 손가락으로 문지르기

엄지손가락과 집게손가락 끝을 이용하여 문지르는 방법이다. 아기의 손가락이나 발가락, 발뒤꿈치 등 폭이 좁은 부위를 문지를 때 이용한다.

5

엄지손가락으로 문지르기

엄지손가락 첫 마디 끝을 이용하여 문지르는 방법. 손등이나 발등, 발바닥이나 손바닥 등을 문지를 때 이용한다.

주무르기

아기를 주무르는 방법은 어른의 경우와는 다르다. 문지르기 방법과 비슷하지만 문지르기보다는 좀 더 힘을 주어 눌러주는 것이라고 이해하면 된다. 주무르기는 몸에 살이 붙어 통통해진 2개월 이상의 아기에게 시행하는 것이 좋다. 어른에게 지압을 하듯 힘을 가하는 것이 아니라, 아주 약한 정도의 압력으로 눌러주는 방법이라는 점을 유의해서 조심스럽게 행해야 한다.

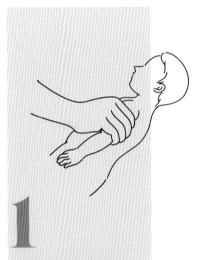

1

손바닥 전체로 주무르기
손바닥 전체를 피부에 밀착시켜 주무르는 방법이다. 팔이나 다리 부위를 주무를 때 이용한다.

2

두 손가락으로 주무르기
엄지손가락과 집게손가락으로 근육을 지그시 잡듯이 주무르는 방법이다. 성장을 위해 골단을 자극할 때 유용하게 쓰인다. 손가락이나 발가락 등 작은 부위를 주무를 때도 이용한다.

누르기

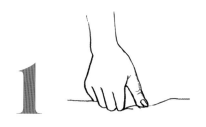

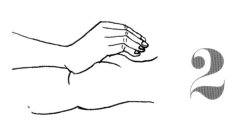

1

엄지손가락으로 누르기

엄지손가락 끝 부분을 이용하여 누르는 방법이다. 주로 발바닥을 누를 때나 팔이나 넓적다리의 중간 부분 성장점을 자극할 때 이용한다. 양 엄지손가락을 동시에 이용하는 방법도 있다.

2

손바닥 밑 부분으로 누르기

손바닥 밑 부분을 이용해 누르는 방법으로 등이나 엉덩이같이 비교적 넓은 부위에 시행한다. 아기에게 시행할 때는 아주 가볍게 하도록 한다.

3

네 손가락으로 누르기

엄지손가락을 제외한 나머지 네 손가락으로 문지르기보다 약간의 압력을 더해 눌러준다. 배나 엉덩이처럼 비교적 넓은 부위를 눌러줄 때 이용한다.

Baby Massage 04

그 외의 아기 마사지 기술

- 진동법

손이나 손가락으로 흔들어 진동을 전달하는 방법이다. 손이나 발을 잡고 팔 전체나 다리 전체를 흔들어줄 때 사용한다.

- 이완법

각 부위의 근육을 늘려주면서 혈액 순환을 돕고 근육과 관절의 긴장을 풀어주는 효과가 있다.

- 운동법

관절을 중심으로 몸의 각 부분을 움직여주는 방법이다. 주로 체조 동작에 많이 쓰이는데, 각 관절의 기능을 높여주고 근육도 튼튼하게 만들어준다.

- 두드리기

두드리기 방법은 아기가 2~3개월 이상 되었을 때 사용하는 것이 좋은데, 역시 어른들의 경우와는 조금 다른 방법으로 행해야 한다. 즉 손가락 끝 지문 부분으로 가볍게 걷듯이 해주거나 가볍게 두드리는 것이다.

주요 부위 마사지법

조심스럽게 자극해야 하는 머리

어른의 머리는 단단하지만 아기의 머리는 연골 상태다. 따라서 절대로 강한 외압이나 충격을 주어서는 안 된다. 특히 머리 중앙에 있는 말랑말랑한 숨골은 급소에 해당되는 부위이므로 더욱 주의해야 한다. 적어도 3개월까지는 도자기 다루듯 조심해야 한다.

가볍게 쓰다듬어주는 정도의 조심스러운 자극은 아기의 두뇌 발달을 돕는다. 손바닥 전체를 사용해 가볍게 쓸어주거나 손가락 끝으로 살살 문질러주는 정도의 자극이 적당하다. 단, 머리에 손대는 것을 싫어하는 아기에게는 하지 않는다.

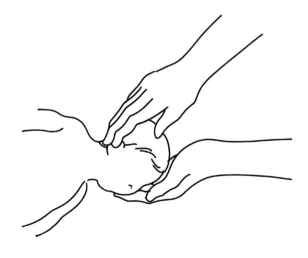

머리를 못 가누는 아기는 주로 천장을 보고 반듯하게 누워 있게 된다. 그 자세로 오래 누워 있으면 압박을 받는 목 부위가 피곤해진다. 그러므로 마사지를 하기 전 머리 양옆을 잡아 오른쪽 왼쪽으로 한 번씩 가볍게 돌려주는 것이 좋다. 이렇게 해주면 목 근육의 피로도 풀리고 머리 형태도 동그랗게 예뻐진다. 꼭 마사지를 하기 전이 아니더라도, 한 번씩 목을 가볍게 돌려주는 것이 좋다.

힘을 주면 자칫 형태가 일그러질 수도 있는 얼굴

아기의 얼굴은 비교적 살이 많고 윤곽이 확실하게 잡히지 않은 상태다. 코나 턱 부위를 부드럽게 만져주면 예쁜 윤곽이 잡히게끔 도움을 줄 수 있다. 그렇다고 힘을 잔뜩 주어 코를 세우거나 턱을 비벼대는 행동은 금물이다. 자칫하면 얼굴형이 일그러질 수도 있다. 얼굴 마사지는 예쁜 윤곽을 만들어줄 뿐 아니라 피부도 탄력있고 건강하게 만들어준다.

얼굴 마사지를 할 때는 아기 입 주변에 손이 닿을 수 있으므로 마사지를 하는 엄마와 아빠는 특히 손의 청결에 신경을 써야 한다.

가볍게 마사지해주면 좋은 배

생후 1개월까지 아기의 배는 너무 작고 말랑거려서 만지기가 사뭇 부담스러울 정도다. 그러므로 중간 세 손가락으로 아주 가볍게 마사지를 해주어야 한다. 아기의 다리를 잡아 무릎을 구부려 배를 가볍게 누르는 동작도 배에 적당한 자극을 준다.

아기는 하루 종일 누워만 있어서 뱃속에 불필요한 가스가 차기 쉽다. 배 마사지를 해주면 방귀가 쉽게 나오고 소화도 잘된다.

배 마사지를 시작하기 전 위와 대장의 위치를 잘 알아두어야 한다. 배 마사지는 소화가 진행되는 방향인 시계 방향으로 가볍게 문질러주는 식으로 한다. 한 달 이상 되어 살이 좀 오르면 소화와 순환을 도울 수 있게 적당한 압력을 주어 마사지해준다.

관절을 펼 때까지 부드럽게 해주면 좋은 팔과 다리

팔다리에 하는 마사지와 체조는 뼈의 성장을 돕고, 관절의 움직임을 부드럽게 해주며, 근육의 위치를 바로잡아 올바른 체형으로 자랄 수 있게 도움을 준다. 또한 피부의 면역력을 증가시키고, 혈액의 흐름을 원활하게 만들어준다.

갓 태어난 아기는 좁은 엄마의 배 안에서 지냈던 습관대로 팔다리를 잘 펴지 않으려고 한다. 갓 태어난 아기의 손을 펴려면 상당한 힘이 필요할 정도로 아기는 주먹을 강하게 쥐고 있다. 엄마나 아빠의 양 손가락에 아기가 주먹을 쥐게 하고 들어올리면 완전히 대롱대롱 매달릴 정도로 아기의 주먹쥐는 힘은 세다. 이를 파악반사라고 한다. 그러나 마사지와 체조를 여러 번 반복해주면 자연스럽게 팔과 다리의 관절이 이완된다. 단, 처음부터 억지로 펴려고 할 것이 아니라 아기 스스로 팔다리의 관절을 펼 때까지 부드럽게 마사지하는 것이 좋다. 절대로 억지로 하면 안 된다.

아기가 어느 정도 자라면 정확한 부위에 적당한 압력을 주는 것이 좋다. 살이 약간 들어갈 정도로 압력을 주어야 하지만 너무 세게 비틀거나 눌러 통증을 느끼게 해서는 안 된다. 자세한 사항은 뒤에 나오는 구체적인 예시에 따르도록 하자.

부드럽게 쓸어내려야 하는 가슴

심장이 있는 가슴 부위는 머리와 마찬가지로 가장 조심해서 다뤄야 할 부분 중 하나다. 특히 갓 태어난 아기들은 아직 장기가 완전히 발달되지 않았을 뿐만 아니라 장기를 보호하는 흉골(갈비뼈)도 단단하지 못한 상태이므로 함부로 외압을 가하는 것은 절대 금물이다. 따라서 갓 태어나 1살까지의 아기에게는 손바닥을 이용하여 부드럽게 쓸어내리는 정도의 마사지가 적당하다.

2~4개월 이상 지나면 가슴과 옆구리 부위의 근육 발달을 도와줄 수 있는 마사지와 체조를 병행해준다.

섬세하고 꼼꼼하게 해줘야 하는 손과 발

손과 발은 가장 편안하게 마사지를 해줄 수 있는 부위다. 뿐만 아니라 손과 발에는 온몸의 각 기관과 연결된 신경이 분포하고 있어서, 손과 발을 마사지해주면 신체 대사 작용과 혈액 흐름이 원활해져 전신 마사지 효과를 볼 수 있다.

처음 마사지를 시작하면 아기는 구부러진 발가락과 손가락을 펴지 않을 것이다. 그러나 꾸준히 몇 차례 반복해주면 아기의 발가락과 손가락은 이내 자연스럽게 펴진다.

마사지는 섬세하고 꼼꼼하게 해주는 것이 좋다. 손등과 발등의 골을 일일이 쓰다듬고, 발가락과 손가락을 하나하나 비틀 듯 잡아당기고, 각 손가락과 발가락 사이를 고루 문질러주어야 한다. 또 발바닥을 위아래로 나누어 세밀하게 마사지해주고, 뒤꿈치와 발목 부분까지 연계해 마사지해주는 것이 좋다.

부모들이 꼭 알아야 할
아기 발달의 법칙

법칙 1. 두미 원칙과 근말 원칙

두미(頭尾) 원칙이란 아기의 신체 발달이 머리에서 신체 하부로 진행된다는 이론이다. 쉽게 말해, 머리부터 자란다는 이야기다. 신생아는 머리가 크고 체간이 길며 사지가 짧은 게 정상이다.

발달의 주요 포인트는 크기가 아니라 내용에 있다. 강조하건대, 태어나 3년 안에 뇌의 거의 모든 부분이 형성된다. 1살 무렵의 뇌와 신체 발달을 비교해보면, 다른 신체 부위의 발달은 성인과 비교할 수 없을 만큼 미약하지만, 뇌만큼은 성인 뇌 무게의 70%에 달할 만큼 성장해 있다. 이 시기의 뇌 중량 비율은 전체 체중의 11~12%나 된다.

반면 15살 무렵이 되면 남자의 경우 약 3%, 여자는 2.7%로 떨어진다. 이런 수치로 미루어볼 때, 뇌의 발달은 유아기에 현저하게 이루어진다는 것을 알 수 있다. 일정 시기에 특정 부분이 집중적으로 발달하는 이유는 그 시기에 그 부위가 가장 중요한 역할을 하기 때문이다.

근말(近末) 원칙은 신체 발달이 머리와 몸체에서 말초 부분으로 진행된다는 이론이다. 즉, 유아는 상체 조절 능력을 익히기 전에 먼저 사물을 쳐다보기 시작하고, 다리를 움직이기 전에 손 사용법부터 배운다는 뜻이다. 마찬가지로 머리와 몸체가 팔다리보다 먼저 발달하며 팔다리는 손·발가락보다 먼저 발달하게 된다.

법칙 2. 단순한 것에서 복잡한 것으로, 큰 것에서 작은 것으로

운동 기술은 단순한 것에서 복잡한 것으로, 큰 움직임에서 작은 움직임으로 발달한다.

팔 전체를 조절할 수 있게 된 후에 다섯 손가락을 사용할 수 있게 되고, 다리·발·팔 동작에 대한 조절력이 통합되어 걷기 동작이 가능해지는 것이다.

젖꼭지를 물려주면 무의식적으로 빨아대는 신생아의 반사 운동은 생후 1년에 이르러 의식적인 운동으로 바뀐다. 생후 4~7개월부터 대뇌가 발달하면서 반사 행동이 점차 억제되고, 복잡하고 섬세한 운동 능력이 발달하게 된다.

몸을 가누는 것은 신경 조직과 지각 시스템이 발달한 결과다. 몸을 뒤집고, 일어나 앉고, 서고, 걸을 수 있으려면 힘의 균형과 조절이 필요하다. 균형과 자세 통제는 소뇌의 역할이다. 소뇌는 6개월에서 18개월 사이에 급속도로 성장한다.

법칙 3. 성장 속도는 다르나 발달 단계는 똑같다

성장 속도는 아이마다 조금씩 다르다. 생후 8개월부터 걷는 아이가 있는가 하면 15개월에 걷는 아이도 있다. 1년 만에 말하는 아이가 있는가 하면 몇 달 더 지나 말하는 아이도 있다.

그러나 발달의 단계는 똑같다. 전 단계 동작에 익숙해지지 않고서는 다음 단계의 행동을 할 수 없기 때문이다. 즉 간신히 고개를 가누던 아기가 갑자기 일어서서 걷게 되는 일은 없다는 이야기다.

운동 기능은 단계적인 절차를 밟아 발달한다. 일련의 발달 과정을 위해서는 우선 중추신경계·골격·근육의 발달이 이루어져야 한다. 다음으로는 신경 기능·호흡과 순환 기능·감각 기능 등 운동에 필요한 기초 능력이 향상되어야 한다. 마지막으로 근육의 유연성과 근력이 필요한데, 유연성과 근력은 근육을 많이 사용할수록 증가한다.

소아과 전문의 폴 립킨은 걸음마에 대해서 이렇게 말했다. "아기가 걸음마를 배우는 것은 그 누구를 흉내내는 것이 아니라, 신체가 그런 기능을 할 수 있는 해부학·생리학적 성숙에 따라 신경 시스템이 스스로 걷는 기술을 터득하는 것이다."

걸음마가 늦어지면 엄마들은 '우리 아기에게 이상이 있는 게 아닐까' 속을 태우지만, 몇 년만 지나고 보면 누가 먼저 걸을 수 있었는지는 아무런 문제도 되지 않는 것이다.

법칙 4. 운동 기능 발달은 곧 두뇌 발달이다

운동 기능 발달이 뇌와 밀접한 관계를 갖는다는 것은 부정할 수 없는 사실이다. 운동 기능이 느리다고 지능이 떨어지는 것은 아니지만, 운동 기능 발달이 두뇌형성에 큰 영향을 미친다는 점이 많은 연구결과들로 인해 밝혀지고 있다. 특히 두뇌의 세포와 세포를 연결하는 시냅스의 연결을 많이, 그리고 공고하게 하도록 도와주는 성장단백질인 BDNF는 신체 움직임을 많이 하고 운동을 할 때 많이 분비되는 것으로 확인되면서 움직임은 두뇌의 발달과 직접적인 관련이 있음이 밝혀졌다.

운동을 시킨 쥐와 운동을 제한한 쥐의 두뇌를 비교 실험한 결과, 운동을 시킨 쥐의 뇌가 주름이 많고 용량도 컸다.

표준 IQ 검사에서 높은 점수를 받은 사람일수록 자극을 판단하는 데 소요되는 시간이 짧다. 또 자극 반응이 빠른 사람들의 IQ가 자극 반응이 느린 사람들의 IQ보다 높게 나타났다는 것이 일반적인 통계다.

이 같은 연구 결과들은 신경 발달이 지능 발달에 영향을 미친다는 직접적인 증거가 되고 있다. 때문에 신체 발달의 이상 증후를 방치하는 것은 지능 발달의 장애 요인을 방치하는 것과 같은 의미로 해석될 수 있다.

법칙 5. 유전보다 환경이 중요하다

생활 조건과 영양 및 건강 상태, 부모의 관심과 독려 같은 환경적 요인은 유전 정보보다 더 큰 영향력을 갖는다. 대체로 좋은 조건에서 자란 아동은 열악한 환경의 아동보다 신장이 더 크고 체중도 더 많이 나간다. 성적으로 더 빨리 성숙하고 자기 신장 최대치에 일찍 도달하며 치아도 더 일찍 나온다.

따라서 부모라면 자신의 아이에게 좀 더 쾌적하고 좋은 환경을 만들어줘야 할 의무가 있다.

총명하고 건강한 아기와 아름답고
건강한 엄마의 12개월 프로그램

part 3

1~2개월
아기 프로그램

1~2개월 아기의 특징

갓 태어난 아기가 경험하게 되는 환경의 변화는 실로 막대하다. 양수가 들어 있는 좁은 태내 속에서 몸을 웅크리고 있다가 드디어 공기를 호흡하고 사지를 펼 수 있게 된 것이다. 어른이라면 우주선을 타고 외계 행성을 발을 디뎌야 경험할 수 있을 정도의 강력한 변화다. 아기는 지금 이 급변한 환경에 적응하기 위해 만반의 태세를 갖추고 있는 중이다. 생후 1~2개월은 일생 중 가장 두드러진 발육이 나타나는 시기다.

현재 우리나라의 남아의 출생시 평균 체중은 2019 한국소아발육 표준치에 따르면, 남아 3.4Kg, 여아 3.3Kg이며, 보통 4개월까지는 하루 20~25g씩 이후 1세까지는 하루 15g 정도의 체중 증가가 일어난다. 키는 출생시 남아, 여아 모두 약 50cm 정도이며, 체중의 증가 속도보다는 느리지만 출생 후 1년까지 출생시의 약 30% 정도가 증가하며 평균 14~16cm 성장을 한다. 식욕이 왕성해져 젖 먹는 양이 늘어나는 것은 팔다리의 움직임이 많아져 운동량이 증가하기 때문이다.

신생아는 잠꾸러기다. 하루 중 잠을 자며 보내는 시간이 무려 17~20시간이나 된다. 45분~2시간 가량의 규칙적인 수면과 20~45분 가량의 불규칙한 수면 상태를 번갈아 지속한다. 2개월 무렵에야 생활에 리듬이 생겨, 깨어 있는 시간이 조금씩 길어지고 밤에도 5~6시간 정도 푹 잠을 자게 된다.

1~4시간 정도는 울고 보채기도 하는데, 이는 '난 지금 엄마의 손길이 필요해요'라는 신호다. 이럴 때 충분히 안아주지 않으면 아기는 정서적으로 불안감을 느끼게 된다. 아기가 울음을 쉬이 그치지 않을 땐 살짝 흔들어주면 곧 울음을 멈추곤 한다. 잔잔한 요동이 엄마 뱃속에서 지낼 때 느꼈던 진동과 비슷한 느낌을 자아내기 때문이다. 또 포대기로 꼭 감싸주어도 얌전해지는데, 이 역시 좁은 태내 공간에서 지냈던 기억을 환기시켜주어서이다.

그러므로 이 시기의 아기에게는 살랑살랑 흔들어주거나 포대기로 감싸주는 식의 지속적인 자극을 주는 것이 좋다. 지속적으로 자극을 주면 심장박동률이 낮아지고 잘 잔다.

영아의 오감 중 가장 빨리 발달하는 감각은 청각이다. 아기는 탄생 후 20일만 지나도 엄마의 목소리를 구별할 수 있다. 태교의 중요성을 주장하는 일부 학자들은 임신 24~26주가 지나면 태아가 소리를 감지하기 시작하고, 이때부터 엄마 아빠의 목소리를 가려들을 수 있다고 말한다. 마찬가지로, 생후 0~2세 영아들에게도 여전히 엄마 아빠의 목소리는 중요한 자극이다. 그래서 대화를 주고받듯이 하는 엄마 아빠와의 마사지 시간은 가족간 결속력을 높이는 데도 큰 도움이 된다.

후각 역시 아기들이 처음부터 가지고 태어나는 감각이다. 때문에 아기 마사지와 체조를 통해 엄마 아빠의 체취를 기억할 수 있도록 해주는 것이 좋다.

신생아는 눈의 크기가 작고 망막 구조가 불완전하며 시신경이 덜 발달되어 있어, 사람 얼굴과 다른 물체를 간신히 구별하는 정도의 원시적인 시각을 갖고 있다. 그래서 천천히 움직이는 물체는 볼 수 있지만 45cm 이상 멀리 있는 물체는 인식하지 못한다. 미약한 시력은 첫돌 즈음에야 성인 시력으로 완성된다. 그래도 신생아는 많은 사물을 응시하고 있음을 잊지 말아야 한다. 수유를 하는 엄마의 얼굴을, 마사지해주는 아빠의 얼굴을 기억에 되새기고 있는 것이다.

태어나서 1개월까지의 아기가 가진 운동 능력은 반사 작용이 거의 전부로 알려져 왔는데, 최근의 연구에 의하면 영아가 손의 움직임이 많고 특히 자신의 눈앞에서 팔을 많이 움직이는 것은 영아가 자기 손을 보는 수의적인 움직임을 하는 것이라는 연구결과가 제시되기도 하였다. 즉, 영아들도 대부분의 움직임이 반사이지만 일부 자신의 의도대로 몸을 움직이는 수의적인 움직임도 한다는 것이다. 손바닥을 건드리면 손가락을 오므리지만 물건을 잡을 수는 없고, 발바닥에 손을 대도 온전히 다리를 움직이지는 못한다. 제멋대로 손발을 뻗고 목조차 가누지 못한다.

행동발달학자들은 이러한 반사 행동의 중요성을 강조하며, 반사행동은 '의지적 활동의 전초전'이라고 말한다. 즉 발을 버둥거린다든지 팔을 허공으로 젓는 동작은 상체를 일으키고 기는 본격적인 동작에 필요한 근력과 신경을 발달시키는 '전 단계'라는 것이다.

부모는 아기의 사소한 움직임 하나도 놓치지 말고 끊임없이 보살피며 격려를 보내야 한다. 아기는 '능동적인 자극 추구자'이기 때문이다. 아기가 무심코 고개를 돌렸을 때 부모가 기뻐하고 칭찬을 해주면 아기는 고개를 자주 돌리고, 그 횟수가 잦을수록 고개를 가누게 되는 순간은 빨리 찾아온다. 마찬가지로 부모가 옹알이에 충분한 관심을 보였다면, 아기는 옹알이를 더 많이 하고 말을 떼는 순간도 빨라진다. 보통 1개월까지는 외부 자극에 대해 거의 반응을 하지 않지만, 2개월 이후부터는 다양한 흥미와 호기심을 보이기 시작한다. 사람들을 보면 미소를 짓기도 하면서 새로운 기쁨의 존재로 거듭난다.

1~2개월 아기 마사지와 체조의 특징

우선 여기서 마사지뿐만 아니라 체조를 함께 언급하는 것은 마사지와는 달리 체조는 수동적으로 아기의 관절이나 근육을 늘려주는 동작을 언급한다는 점을 감안하기 바란다.

태어난다는 것은 아기에게는 엄마와 분리된다는 것을 의미하고, 이렇듯 새로운 환경에 놓이게 된 아기는 불안감을 느끼게 된다. 그러므로 이 시기에는 정서적으로 안정감을 주는 것이 무엇보다 중요하다. 만져주고 움직여주는 마사지와 체조의 자극은 아기 달래기에도 좋은 방법이다.

아기는 스펀지 같은 존재다. 얼마나 다양한 자극을 제공하느냐에 따라 천차만별의 발달 결과를 보인다. 아기 마사지와 체조를 하면서 다양한 시각·청각적 자극을 주면 두뇌 발달에 좋은 영향을 준다. 특히 감각이 덜 발달돼 주로 촉감을 통해 정보를 입력하는 이 시기 아기에게 마사지와 체조가 좋다는 것은 두말하면 잔소리나 마찬가지다.

무작정 안아주느냐 아니면 섬세하고 정교한 스킨십인 아기 마사지와 체조를 해주느냐에 관한 문제는 모유를 먹이느냐 분유를 먹이느냐에 버금가는 주요 사안이다.

갓 태어난 아기의 심장박동수는 1분당 120~160으로 빠르고 불규칙하다. 생후 10일까지는 계속 혈압이 불안정하고, 간의 미성숙으로 황달이 일어나기도 한다. 태어나 수일까지는 저체온 상태이기 때문에, 열량을 충분히 섭취시키고 아기 마사지와 체조로 몸을 따뜻하게 해주는 것이 중요하다.

태어나서 약 2주까지 아기는 대단히 작고 살이 없어 마음껏 마사지해줄 수 있는 부위가 별로 없는 편이다. 따라서 이 시기부터 1개월까지는 엄마의 심장 소리를 충분히 들려주며, 사랑을 담뿍 담은 말과 함께 부드럽게 쓸어주는 정도의 동작을 해준다.

2개월 정도가 되면 아기 몸에 살이 올라 힘을 약간 주어 마사지를 해줄 수 있게 된다. 그러나 여전히 목을 가누기 어렵기 때문에 손발 마사지를 집중적으로 하는 것이 좋다.

특히 발은 온몸과 연결된 7만 2000여 개 신경의 출발점이다. 따라서 발을 만져주면 신체 에너지의 흐름이 원활해지고, 신경 주변에 쌓인 칼슘이나 요산 등의 노폐물 배출도 돕는다. 어른 발바닥처럼 까칠한 부분이 만져진다면 이는 아기 몸의 해당 부위가 불편하다는 것을 의미한다.

1~2개월 아기 프로그램

모든 동작을 4~5회씩 반복하여 실시한다. 팔과 다리처럼 대칭을 이루는 부위는 한쪽을 4~5회 실시하고 다시 나머지 한쪽을 4~5회 실시하되, 횟수를 똑같이 맞추어 한다. 연속 동작은 모든 동작을 한 세트로 하여 4~5회 실시한다.

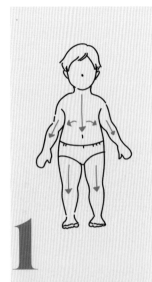

1

워밍업, 몸 전체 쓰다듬기
먼저 아기의 이마를 가볍게 쓰다듬으며 "지금 마사지를 해도 괜찮니?"라고 물어본다. 그런 다음 오일을 손바닥에 두세 방울 떨어뜨린 후 비벼서 촉촉하고 따뜻하게 만든다. 다섯 손가락 손끝으로 아기의 몸통, 팔, 다리를 위에서 아래로 가볍게 훑어준다. 가슴은 중앙에서 바깥쪽을 향해 가로로 쓰다듬어준다.

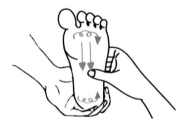

2

발바닥 문지르기
한 손으로 아기 발뒤꿈치를 받치고, 다른 손 엄지손가락으로 문지른다.
우선 발바닥 상단(발바닥 밑 부분)을 안쪽에서 바깥쪽으로 나선형을 그리듯 돌리듯이 문지른다.
발바닥 위에서 발꿈치 쪽을 향해 아래로 훑어준다.
발바닥 하단(발뒤꿈치 근처)을 안쪽에서 바깥쪽으로 나선형을 그리듯 돌리면서 문지른다.

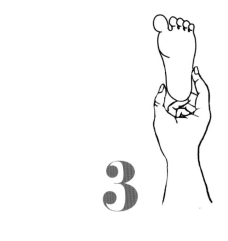

3

발뒤꿈치 주무르기

엄지와 검지로 아기의 발뒤
꿈치를 돌아가며 지그시 주
물러준다. 발목 뒤 아킬레스
건도 주물러준다.

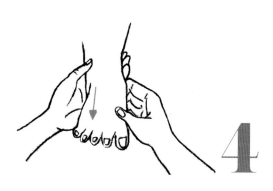

4

발등 문지르기

한 손으로 아기 발을 받치고
다른 손 엄지손가락을 이용하
여 발가락 뼈 골 사이사이를
발목 부근에서 발가락 쪽으로
훑어 내린다.

5

발가락 펴기

한 손으로 아기 발을 받친
다. 다른 손 엄지와 검지로
발가락을 하나씩 잡아 가
볍고 세심하게 비틀 듯 펴
준다.

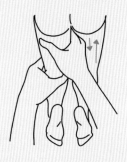

6

다리 쓰다듬기

양손으로 아기의 골반 밑
넓적다리를 엇갈리듯 잡
는다.

가볍게 빨래를 짜듯 돌려
잡는다.

돌려 잡은 상태로 발목까
지 가볍게 일직선상으로
훑어 내려온다.

한 손으로 한쪽 발목을 잡
고 다른 한 손으로 발목에
서 넓적다리 쪽을 향해 일
직선으로 훑어 올라간다.

7

손바닥 문지르기

양손으로 아기 손등을 받
치고 엄지손가락으로 마
사지한다.

양손 엄지로 손바닥 가운
데에서 양옆으로 펴주듯
이 문지른다.

양손 엄지로 손바닥 가운
데를 위에서 아래로 쓸어
준다.

8

손등 문지르기

한 손으로 아기 손바닥을
받치고 다른 쪽 엄지로 손
등을 마사지해준다. 손가
락 쪽에서 손목을 향해 손
가락뼈 골 사이사이를 훑
어 올린다.

9

손가락 펴기

한 손으로 아기의 손목을 잡고 다른 손 엄지와 검지로 마사지한다.

아기의 손가락을 하나씩 잡아서 펴준다.

손가락 끝까지 비비듯 문지르며 올라간다.

처음에는 아기가 손을 펴지 않으려고 힘을 주지만, 천천히 펴다 보면 자연스럽게 손을 펴게 된다.

10

팔 쓰다듬기

손바닥 전체로 팔을 감싸쥐듯 하여 위에서 아래로 쓰다듬는다.

한 손으로 아기의 한 손을 잡고 다른 한 손으로 어깨부터 손 쪽을 향해 쓰다듬어준다.

11

휴식, 등 쓸어주기

엄마는 무릎을 세우고 바닥에 눕는다. 가슴 위에 아기를 엎드려 눕히고 등을 쓸어주면서 편안히 쉬게 한다. 엄마의 심장 고동을 들으면 아기는 편안한 안도감을 느끼게 된다. 아기가 추워하면 수건을 덮어준다. 그대로 잠을 재우는 것도 좋다.

1~2개월
엄마 프로그램

　출산은 분명 엄청난 행복감을 맛보게 해준다. 하지만 분만으로 지쳐 있는 육체가 건강한 상태로 회복되어야 이 모든 변화의 과정을 긍정적으로 받아들일 수 있다.

　'건강한 몸에 건강한 마음이 깃든다'는 말은 특히 산모에게 해당되는 말이다.

　특별한 이상 증상이 없다면 하루라도 빨리 가벼운 운동을 시작하는 것이 좋다. 작은 움직임이라도 빨리 시작하면 할수록 그만큼 회복이 빠르기 때문이다. 앞장에서 소개 한 엄마아빠의 몸을 풀어주는 수축이완법 운동은 바로 이 때 도움을 줄 수 있는 운동법이다.

　출산 후 시간이 지나면서 산모는 여러 가지 신체 변화를 경험하게 된다. 먼저 자궁은 분만 후 약 3일 이내에 포도송이 크기로 재빨리 수축한다. 근육의 수축은 옥시토신 분비에 의해 이루어지는데, 옥시토신은 수유 생산도 관장하는 호르몬이다. 수축 과정은 매우 아프게 느껴질 수도 있지만 보통 산후통은 2~7일 후면 사라지고, 산후 6주경에는 자궁이 예전 크기로 회복된다.

　모유 생산은 매력적이면서도 피곤한 일이다. 유방이 충혈되거나 부풀어 오르고 단단해지며 무거워진다. 따라서 부풀어 커진 유방이 흔들릴 때마다

고통을 느낄 수도 있다. 어떤 경우에는 유선염 혹은 유방 감염으로 고생을 하기도 한다.

때때로 심한 통증을 수반하기도 하는데, 이럴 때는 따뜻한 찜질로 통증을 완화시킬 수 있다. 만약 유방 감염이 의심된다면 운동을 피하고 즉시 의사와 상의해야 한다.

출산 후 운동을 시작하기 전 가장 먼저 해야 할 일은 몸의 상태를 점검하는 것이다. 몸의 신호, 특히 질 배설물을 유심히 관찰해 보아야 한다. 분만 후 보이는 배설물이나 출혈은 1~6주 동안 지속될 수 있는데, 월경혈처럼 붉고 진한 색에서 밝은 갈색으로 변하다가 사라진다. 산후 운동을 하기 위해 배설물이 사라질 때까지 기다릴 필요는 없지만, 배설물의 색이 유난히 진하거나 엉긴 덩어리가 나온다면 의사와 상담해야 한다.

출산시 질 절개를 했던 산모들은 약간의 불편함이나 가려움을 느낄 것이다. 적절하게 소독해주고 좌욕을 하며, 단단한 표면 위에 앉는 습관을 들인다면 절개 부위는 비교적 쉽게 치료될 수 있다. 또 공기가 잘 통하도록 해주면 회복에 도움이 된다. 만약 염증으로 인해 통증이 지속된다면 의사의 진료를 받아야 한다.

제왕절개를 했을 경우에는 정상 분만보다 회복 시간이 길어진다. 회복 기간 중에는 운동량을 줄여야 하지만 가벼운 체조 정도는 괜찮다. 가볍게 관절을 돌리거나 늘려주는 운동은 회복에 많은 도움을 준다.

운동을 시작하려면 쉬운 운동부터 시작하고 상처를 입지 않도록 주의한다. 출산 직후의 신체는 여전히 세심한 주의를 요하는 상태이므로 활발한 신체 활동은 금물이다. 호르몬 조절이 정상으로 돌아가고 힘줄과 인대가 임신 전 강도로 강화되기까지는 시간이 필요하다.

출산 후에는 관절, 특히 무릎과 엉덩이를 지탱하는 인대를 다치기 쉽기 때문에 산후 이전에 규칙적으로 운동을 했던 사람이라도 이전의 운동 강도와 패턴을 그대로 따르는 것은 금물이다. 적어도 6주가 지난 후, 가벼운 강도부터 천천히 시작해야 한다.

운동을 다시 시작하려는 산모들이 공통적으로 겪는 어려움이 바로 요실금이다. 격렬한 활동을 하거나 웃거나 혹은 재채기를 할 때 경험하는 요실 증상은, 요도와 비뇨기 괄약근이 늘어나고 자궁과 방광이 약해져서 일어난다.

이때 케겔 운동은 방광 근육의 수축력을 회복시키도록 도와준다. 때문에 산후 2개월까지는 케겔 운동을 집중적으로 하는 것이 좋다. 케겔 운동은 6장에 자세히 설명되어 있다. 출산 후 2개월까지는 케겔 운동과 함께 몸을 풀어주는 가벼운 체조로 기분을 전환해보도록 하자.

1~2개월 엄마 프로그램

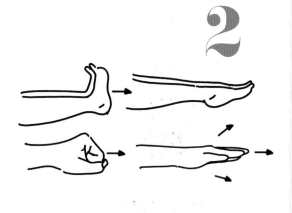

1

기지개 펴기

누운 자세로 기지개를 펴듯 팔을 위로 쭉 펴고 다리도 힘주어 곧게 뻗는다.

기지개를 편 자세로 몸 전체를 오른쪽, 왼쪽으로 굴리듯 돌린다.

이 동작은 산후 1~2일부터 해도 좋다. 등과 온몸의 긴장을 풀어주고 호흡을 용이하게 해준다.

2

손목 · 발목 펴기

누운 자세에서 등을 곧게 펴고 두 다리도 앞으로 쭉 편다.

양발을 위로 힘껏 꺾었다가 앞으로 곧게 펴준다. 바깥쪽으로 8번 안쪽으로 8번씩 돌려준다. 양손을 들어 주먹을 꼭 쥐었다 펴서 터는 동작을 10회 반복.

이 시기에는 부종이 남아 있고 대사 작용이 원활하지 못하다. 따라서 말초신경에 자극을 주어 혈액순환을 돕고 유연성을 증가시킬 필요가 있다.

3

엎드려 질 수축하기

쿠션으로 가슴을 받치고 편안히 엎드린다.

숨을 들이마시면서 질 부위를 수축했다가 숨을 내쉬면서 완전히 힘을 뺀다. 4회 반복.

복부와 자궁의 수축을 도와주는 동작이다.

목 돌리기

앉은 자세에서 아주 천천히 목을 돌리는 동안 목 주위 근육을 움직임을 느끼면서 오른쪽으로 한 바퀴, 다시 왼쪽으로 한 바퀴 돌린다. 고개가 너무 뒤로 젖혀지지 않도록 주의한다. 4회 반복, 목의 긴장을 풀어주는 동작이다.

등 펴기

양반다리를 하고 앉는다. 등을 곧추세운 자세로 양손을 깍지 껴 위로 밀어 올린다. 밀어 올릴 때는 양팔이 귀 옆에 붙도록 하고, 깍지 긴 손바닥이 천장을 향하도록 한다. 두 팔을 밀어 올리는 동시에 등에 힘을 주어 곧게 편다. 코로 숨을 크게 들이마시면서 팔을 더 위로 쭉 밀어 올렸다가 입으로 내쉬면서 양팔을 앞으로 내린다. 4회 반복.
등의 긴장을 풀어주고 바르게 세워주는 효과가 있다.

3~4개월
아기 프로그램

3~4개월 아기의 특징

3~4개월 무렵 아기의 몸무게는 한 달 사이에 평균 700~800g 정도 증가한다. 평균 2~3cm 정도 자라 키도 60cm쯤 된다. 피하지방이 많아져 전체적으로 토실토실해지고 한결 더 귀여워 보인다.

4개월 무렵에는 체중이 하루에 약 20g씩 늘어, 한 달 새 600g 정도 증가한다. 대개 4개월째의 몸무게는 출생시의 두 배 정도다. 키는 약 2cm쯤 늘어 태어났을 때보다 10cm 이상 커지게 된다. 전체적으로 흐느적거리는 느낌이 사라지고 몸이 단단해진다. 그래도 아직 목을 가누기에는 무리이므로, 안을 때는 반드시 목을 받쳐줘야 한다.

3개월부터 아기는 몸 뒤집기 같은 간단한 동작을 비교적 수월하게 해내기 시작한다. 또 엎드린 상태에서 조금씩 머리를 들어 올리기 시작한다. 아기가 머리를 가누는 과정은, 20초 정도 머리를 들다가 엎드린 자세에서 팔다리를 쭉 펴고 바닥에서 가슴과 머리를 들어 올리기 시작하다가, 목을 꼿꼿이 세우고 좌우로 움직여 주위를 둘러보는 것으로 발전한다. 목 주변의 근육과 가슴 주변의 근육이 발달하는 것은 언어의 발달과도 밀접한 관련이 있다. 몸 상부의 근육이 발달되고 성대 주변의 기관들이 발달됨에 따라 소리를 낼 수 있는 기능도 발달이 된다.

아기가 목을 온전히 가눌 수 있게 되는 시기는 4개월 이후다. 목을 가눈다는 건, 아기를 안아 올리거나 양팔을 잡아당겨 올렸을 때 머리가 뒤로 젖혀지거나 목이 건들거리지 않은 상태를 말한다.

목 근육 발달이 완성되어갈 무렵부터 팔다리 발육이 본격적으로 시작된다. 팔다리를 힘차게 버둥거리며 몸 전체를 움직여보려고 애를 쓴다. 주먹을 조심스럽게 쥐었다 폈다 하는 동작을 자주 하고 움직이는 물체를 향해 손을 휘젓기도 하는데, 이럴 때 엄마는 아기가 두 팔과 두 다리를 똑같이 잘 움직일 수 있는지 관찰해볼 필요가 있다.

아기들은 팔을 움직이기 시작하면서 손에 대한 흥미도 갖기 시작한다. 뚫어져라 자신의 손을 쳐다보면서 놀기도 하고, 주먹을 쥔 채 손을 빨거나 손가락을 빨기도 한다. 흔히 손가락 빨기는 욕구불만의 표현이라고 알려져 있지만, 이 시기 아기들에게는 그저 즐거운 놀이일 뿐이다. 자유롭게 움직이기 시작한 신체에 대한 호기심을 확인하는 행동이므로 크게 걱정할 필요 없다.

이 때 안쪽으로 구부리고 있던 다리도 곧게 펴기 시작한다. 아기를 안아 딱딱한 표면에 세워주면 발로 바닥을 힘차게 밀어젖히는 것을 볼 수 있는데, 다리에 근력이 생기고 엉덩이와 무릎 관절이 유연해지면서 서는 동작을 준비하는 단계다.

4개월째에는 도움을 받아 앉는 것이 가능해진다. 체중을 좌우로 이동하는 법을 익혀서 몸을 잘 뒤집고, 상체와 팔의 힘도 강해진다. 이처럼 목적이 있는 움직임이 가능해진다는 것은, 근육의 힘이 발달되고 근육을 제어하는 뇌신경의 발달이 시작되었다는 것을 의미한다.

대부분의 부모가 아기의 초기 운동 능력을 자연스러운 성숙에 의한 것으로 여기지만, 주변과의 상호 작용도 무시할 수 없는 부분임을 잊어서는 안 된다. 물론 영아가 특정 행동을 하기 위해선 그 행동을 이행할 육체적 능력이 뒷받침되어야 한다. 하지만 그 행동이 표현될 수 있는 여건 또한 갖추어져 있어야 한다는 말이다.

머리 가누기를 예로 들어보자. 중추신경계, 근육, 골격이 충분히 성숙되면 아기는 머리를 들기 시작한다. 이때 부모가 관심을 기울이고 충분히 기뻐해야 아기는 머리 들기를 계속하고, 그 부단한 시도 끝에 머리를 자유자재로 가눌 수 있게 되는 것이다. 아기에겐 언제나 부모의 격려가 필요하다.

아기들은 3개월 정도부터 옹알이를 시작한다. 울음 대신 칭얼거림으로 의사 표현을 하고, 기분이 좋을 때는 입을 오물거리며 혼자 옹얼거릴 때도 많아진다. 이름을 부르면 고개를 돌리기도 하고, 한곳을 응시하거나, 밝고 움직이는 것을 좋아해 자꾸 쳐다보기도 한다.

4개월이 되면 색상 지각 능력이 생기기 시작한다. 빨강 · 노랑 · 파랑 · 초록 등의 원색 계열 색상을 구별할 수 있고, 밝은 색을 선호하는 경향을 보인다. 또한 얼굴 전체의 윤곽을 알아보기 시작하는데, 한 얼굴과 다른 얼굴을 구별할 수 있다. 이목구비의 생김새가 강한 얼굴보다는 일반적인 얼굴을 더 좋아한다.

3개월에서 6개월 사이에는 정서적 발달이 집중적으로 이루어지는 시기다. 어떤 일이 일어날지를 기대하고 실제로 일어나지 않으면 실망하기도 한다. 화를 내거나 불안한 행동을 하여 실망을 표현하기도 하고, 또 미소를 자주 짓고 웃기도 잘하는 등 표정을 통해 감정을 드러내기 시작한다.

이른바 사회적 각성의 시기로 아기와 엄마 사이에 본격적인 소통이 이루어진다.

3~4개월 아기 마사지와 체조의 특징

이 시기 아기는 불편을 느끼면 몸을 뒤척이는 식으로, 비교적 구체적인 표현을 할 줄 알게 된다. 때문에 아기의 컨디션을 살피는 일이 전보다 훨씬 수월해진다.

특히 팔을 휘젓거나 다리를 버둥거리는 행동을 자주 보이는데, 무의미해 보이는 아기의 이 같은 발 동작은 실은 의미심장한 근육 단련 과정이다. 행동발달학자들은 이 버둥거림의 패턴이 어른의 걸음 패턴과 흡사하다고 말한다. 지금 아기는 뒤집고, 기고, 서고, 걷는 동작을 하기 위해 팔다리를 단련하고 있는 것이다.

그러므로 이 시기에는 팔다리 근육 강화를 위한 아기 마사지와 체조를 집중적으로 해주는 것이 좋다. 목 부위의 근력과 유연성을 강화해 목 가누는 능력을 키워주고, 팔다리 비틀기와 구부리기를 통해 팔다리의 근력과 유연성을 강화시켜주면서 동시에 소화도 돕는다. 겨드랑이와 허벅지 안쪽 사타구니는 림프선이 집중되어 있는 부위다. 무릎 굽히기와 겨드랑이 문지르기를 통해 림프액과 호르몬 흐름을 원활하게 만들어준 뒤 쉬게 해준다.

특히 아기가 처음으로 감정을 표현하기 시작하므로 부모는 될 수 있으면 많은 대화 내용을 마련하도록 한다. 그리고 동작을 시작할 때 존중받고 있다는 느낌을 충분히 받을 수 있게 아기의 의사를 충분히 물어봐야 한다. 또 아기가 웃으면 같이 웃어주고, 아이가 얼굴을 찡그리면 불편한 곳이 있나 살펴본다.

3~4개월 아기 프로그램

모든 동작을 4~5회씩 반복하여 실시한다. 팔과 다리처럼 대칭을 이루는 부위는 한쪽을 4~5회 실시하고 다시 나머지 한쪽을 4~5회 실시하되, 횟수를 똑같이 맞추어 한다. 연속 동작은 모든 동작을 한 세트로 하여 4~5회 실시한다.

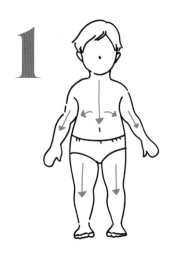

워밍업, 몸 전체 쓰다듬기
먼저 아기의 이마를 가볍게 쓰다듬으며 "지금 마사지를 해도 괜찮니?"라고 물어본다. 그런 다음 오일을 손바닥에 두세 방울 떨어뜨린 후 비벼서 촉촉하고 따뜻하게 만든다. 다섯 손가락 손끝으로 아기의 몸통, 팔, 다리를 위에서 아래로 가볍게 훑어준다. 가슴은 중앙에서 바깥쪽을 향해 가로로 쓰다듬어준다.

고개 돌리기 · 목선 쓰다듬기
양손으로 아기 얼굴을 잡아 천천히 오른쪽으로 돌린다. 그대로 옆으로 얼굴을 놓은 채 한 손으로 이마 부분을 가볍게 누르듯이 잡고 반대편 세 손가락 끝으로 목선을 위아래, 아래위로 쓰다듬어준다. 다시 양손으로 아기의 얼굴을 천천히 왼쪽으로 돌린다. 마찬가지 방법으로 목선을 쓰다듬어준다.

3

어깨 문지르기
양쪽 세 손가락으로 아기
의 양쪽 어깨를 시계 방향
으로 원을 그리듯 문질러
준다.

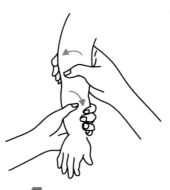

4

팔 비틀기
두 손으로 아기의 어깨 근
처를 엇갈리듯 잡는다.
수건을 짜듯 안쪽으로 가
볍게 비틀어준 다음 손목
을 향해 아래로 곧게 쓸어
내려준다.
이번에는 바깥쪽으로 가
볍게 비틀어준 다음 마찬
가지로 팔 전체를 쓸어내
린다.

5

가슴 쓰다듬기
손바닥을 펴서 한 손으로
아기의 가슴을 위에서 아
래로 쓸어내리고 곧이어
반대편 손으로 쓸어내린다.
양 손바닥을 옆으로 하여
가슴을 비벼준다.
오른쪽 손바닥으로 아기의
오른쪽 허리 부분에서 왼
손 어깨까지 쓸어 올린다.
왼쪽 손바닥으로 아기의
왼쪽 허리 부분에서 오른
쪽 어깨까지 쓸어 올린다.

6

다리 비틀기

양손 엄지와 검지로 사타구
니 부위 허벅지를 가능한 많
이 감싸쥔다. 팔과 마찬가지
요령으로 비틀어준다.

수건을 짜듯 안쪽으로 가볍
게 비틀어준 다음 발목을
향해 다리 전체를 곧게 쓸
어준다.

이번에는 바깥쪽으로 가볍
게 비틀어준 다음 다리 전체
를 쓸어내린다.

7

무릎 구부리기

양손으로 아기의 양쪽 발목을
잡아 천천히 다리를 가슴 쪽
으로 밀어준다.

다시 다리를 펴준다.

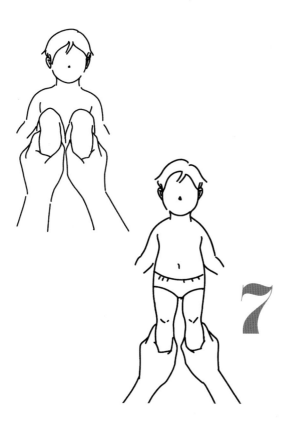

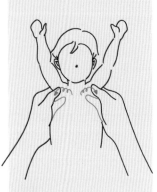

8

겨드랑이 문지르기

아기의 양팔을 들어 올린 후 엄지손가락으로 겨드랑이를 가볍게 작은 원을 그리며 문질러준다.

10

휴식, 등 쓸어주기

엄마는 무릎을 세우고 바닥에 눕는다. 가슴 위에 아기를 엎드려 눕히고 등을 쓸어주면서 편안히 쉬게 한다. 엄마의 심장 고동을 들으면 아기는 편안한 안도감을 느끼게 된다. 아기가 추워하면 수건을 덮어준다. 그대로 잠을 재우는 것도 좋다.

9

허벅지 안쪽 문지르기

양쪽 세 손가락으로 아기의 허벅지 안쪽을 가볍게 둥굴리듯 문질러준다.

3~4개월
엄마 프로그램

출산 직후부터 2개월 정도까지 산모는 정신없는 시간을 보내게 된다. 자신의 몸도 추스르기 힘든 상태에서 아기를 돌보는 일은 결코 쉽지 않다.

젖을 물리는 일조차 힘겨운 노동처럼 느껴질 것이다. 처음에는 밤낮을 가리지 못하는 아기 때문에 잠을 설치면서 피곤한 하루하루를 보내지만 2개월 정도가 지나면 아기도 밤낮을 가리게 된다. 엄마 역시 아기를 돌보는 일에 어느 정도 익숙해져 한숨을 돌리게 된다.

아기에게 젖을 먹이는 것은 엄마만이 누릴 수 있는, 세상에서 가장 행복한 특권인 동시에 세상에서 가장 피곤한 노동 중 하나다.

모유를 먹이건 분유를 먹이건, 엄마의 몸은 이 낯설고 신비로운 경험에 적응을 해야만 한다. 젖을 먹이는 시간은 적지 않은 시간이므로 편안한 자세를 취하는 것이 대단히 중요하다.

모유 혹은 분유를 먹이는 동안에 발생하는 가장 큰 신체적 고통은 목이 뻐근해지는 것과 등의 통증이다. 목이 뻣뻣해지는 것은 좋지 못한 수유 자세 때문이고, 등의 통증을 젖을 먹이는 동안 어깨를 둥글게 구부리는 자세 때문인 경우가 많다. 이런 자세는 등에 상당한 부담을 주고 목과 어깨뼈, 심지어 허리에까지 무리를 주게 된다. 통증을 줄여주는 운동은 6장을 참고하기 바란다.

아기에게 안락함을 주기 위해서는 우선 엄마 자신의 자세도 편안해야 한다. 수유시 팔을 걸칠 수 있게 팔걸이가 달린 의자를 사용하거나 쿠션을 받치는 게 좋다. 의자는 너무 깊거나 얕지 않고 튼튼해야 하고, 머리를 기댈 수 있을 만큼 높은 등받이가 있는 것이 좋다.

또 자주 스트레칭을 해 피곤한 목과 어깨, 등의 피로를 풀어주는 것이 좋다. 산후 3~4개월이면 몸이 어느 정도 정상으로 회복된 상태라, 가벼운 운동도 가능하다.

6주 이후가 되면 가벼운 강도에서부터 천천히 운동을 시작하되 무릎과 엉덩이 부위를 지나치게 구부리는 동작은 삼가는 것이 좋다. 몸에 지나치게 부하를 주는 근력 운동이나 유연성 운동은 완전하게 견고해지지 않은 관절과 근육을 상하게 할 수 있다는 것을 명심해야 한다.

특히 관절 부분에 이상이 생기면 평생토록 따라다니는 지병의 원인이 될 수 있다. 산후 조리를 잘하면 나빴던 몸도 좋아지고, 산후 조리를 잘못하면 좋았던 몸도 나빠진다는 말은 바로 이 관절 관리에 관한 경고다.

아직 완전해지지 않은 몸을 보호하면서 가볍게 운동을 하여 스트레스와 긴장에서 벗어나야 한다. 몸의 긴장을 풀어주는 이완 운동으로 최적의 컨디션을 유지하자. 적절한 근육을 만들어주는 근력 운동 역시 산모들에게는 필수적이다.

무리한 다이어트나 지나친 운동을 하는 것은 좋지 않다. 평상시보다 온몸의 지지조직들이 부드럽고 약화된 상태이므로 가벼운 스트레칭이나 체조처럼 운동량이 많지 않으면서도 근육과 관절을 바로잡아주는 운동을 하는 것이 좋다.

높은 강도의 에어로빅이나 조깅은 출산 후 적어도 6개월 이상 지나 몸이 완전한 상태로 회복되었을 때부터 시작하는 것이 좋다.

산후에는 땀을 많이 흘리게 되므로 운동 전후로 물을 많이 마셔 두어야 탈수 현상을 방지할 수 있다.

3~4개월 엄마 프로그램

앞뒤로 목 늘리기

두 손을 깍지 껴 머리 뒤에 두고 머리를 앞으로 눌러 뒷목을 스트레칭한다. 이 상태로 열까지 센다. 다시 턱을 들어 천장을 바라보면서 앞목을 늘려주고 열까지 센다. 이때 목을 지나치게 뒤로 젖히면 경추(목등뼈)에 무리가 가므로 주의한다. 4회씩 반복.

긴장된 목 근육을 이완시켜준다.

2

팔·어깨 늘리기

무릎을 꿇은 자세에서 구부린 다리를 양옆으로 어깨 넓이 정도로 벌리고 엉덩이는 천장 쪽으로 치켜들 듯이 든다. 양팔을 앞으로 쭉 뻗어 손바닥을 바닥에 댄다. 겨드랑이가 바닥에 닿을 정도로 어깨를 내린다. 등과 팔도 늘어나는 느낌이 들도록 쭉 펴고 천천히 열을 센다. 어깨와 팔이 충분히 늘어나는 것을 느끼면서 천천히 호흡을 한다. 상체를 일으켰다가 다시 반복한다. 4회 반복.

어깨와 팔의 긴장을 풀어주고 등 근육을 늘려 어깨선을 아름답게 만들어준다.

3

골반 돌리기

누운 자세로 무릎을 구부
려 세우고 양팔은 양옆으
로 벌린다. 이 상태로 양
무릎을 동시에 한쪽으로
천천히 눕힌다. 이때 양
쪽 어깨가 바닥에서 떨어
지지 않도록 하고, 시선은
반대쪽을 본다.

다시 천천히 숨을 들이마
셨다 내쉬면서 이번에는
무릎을 반대쪽으로 눕히
고 고개는 다리의 반대쪽
으로 돌린다.

4회 반복.

골반 주위 근육을 이완시
키고 유연성을 증가시켜
준다.

4

몸 펴기

두 다리를 앞으로 펴고 앉는다. 양손을 뒤로 짚고
시선은 위를 향하게 하여 상체를 위로 쭉 밀어 올
린다. 엉덩이에 힘을 주고 가슴을 펴도록 한다. 열
까지 세고 상체를 천천히 내린다. 4~5회 반복.

몸 전체의 긴장을 풀어주고 어깨의 유연성을 증가
시켜준다.

5

몸통 비틀기

등을 세우고 앉은 자세에서
왼쪽 다리를 펴고 오른쪽 다
리는 무릎을 세워 왼쪽 다리
위로 넘겨 딛는다. 왼쪽 팔
꿈치로 오른쪽 무릎을 가슴
앞으로 잡아당기듯이 하면
서 몸통을 오른쪽으로 돌린
다. 이때 오른팔은 뒤쪽 바
닥을 짚는다. 얼굴, 목, 어깨,
몸통 및 엉덩이 근육을 비트
는 느낌으로 늘려준다. 열까
지 세고, 다시 반대쪽을 실
시한다. 4회 반복.
옆구리와 등의 긴장을 완화
시켜주고 엉덩이 근육의 유
연성을 증가시켜준다.

5~6개월
아기 프로그램

5~6개월 아기의 특징

태어나서 5개월까지는 전체적으로 둥글둥글하게 살이 찐 상태다. 그러나 이때부터는 체중이 이전만큼 큰 폭으로 늘지 않는다.

7kg 내외가 평균 체중이고, 신장은 63~75cm 정도다. 이 시기부터는 체질·식습관·운동량 등에 따라 성장에 개인차가 나타나기 시작한다. 발육 템포도 아기마다 달라서 체중은 약 2kg, 신장은 5~6cm씩 차이가 날 수도 있다.

아기가 다소 작더라도 생기가 있고 몸무게가 들쭉날쭉하는 일 없이 순조롭게 증가한다면 잘 자라고 있는 것이니 너무 초조해 할 필요는 없다.

6개월이 되면 체중 증가폭이 현저히 줄어든다. 체중은 하루에 10g 정도만 증가하는 한편 신장은 매달 1cm 남짓 자라므로 다소 마르는 것처럼 느껴진다. 또 아기들마다 몸매가 드러나기 시작해 마른 형·비만 형·큰 형·작은 형 등으로 구별이 가능하다.

4개월 이후부터 6개월까지는 배냇머리가 빠지는 생리 현상이 나타난다. 특히 베개에 많이 쓸리는 뒤통수 부분에 두드러지게 나타나는데, 새 머리카락이 나오기 위해 일어나는 자연스러운 현상이므로 걱정할 필요가 없다.

5개월쯤 된 아기는 엎드리고 뒤집는 동작을 능숙하게 해낸다. 목과 머리는 물론 팔다리 조정 능력도 커져, 엎드려 있는 내내 머리를 들고 있을 수도 있다. 엎드린 자세에서 가슴으로 몸을 지탱하고 머리를 들어 올린 다음 팔다리와 몸을 흔들어대기도 하는데, 이 동작은 등·가슴·배와 팔다리 근육 발달에 좋은 운동이 된다. 이른바 모든 근육의 협조 체계가 완성되고 있는 것이다. 또한 이때 앞 근육의 발달은 앞으로 진행될 언어의 발달에 대단히 중요하다. 말을 할 때 쓰이는 근육이 발달하여야 소리가 제대로 나올 수 있기 때문이다. 아기가 상체를 들고 물건을 만지고 기고 움직일 수 있도록 다양한 자극을 주는 것도 좋다.

반듯하게 뉘어놓으면 몸을 뒤집는 행동도 시작한다. 빠르면 4개월, 늦으면 7개월부터 뒤집기를 시작하는데, 요가 지나치게 푹신하거나 옷이 두꺼우면 방해가 되므로 신경 써서 살핀다. 또 이때의 유아는 누운 상태에서 발을 붙잡아 입으로 가져가는 행동도 자주 한다.

아직 물건을 꼭 쥘 수는 없으나 만지는 것은 좋아한다. 한 손에서 다른 손으로 물체를 옮겨 잡을 수도 있다. 20주 정도 되면 어떤 사물을 잡았다 떨어뜨리고 다시 잡는 행동에 재미를 느낀다. 얼굴에 수건을 씌우면 스스로 벗어버리고, 양손으로 종이 찢기 놀이를 즐기기도 한다. 손가락을 많이 움직일수록 두뇌 발달이 촉진되지만 아직까지는 손가락을 마음대로 놀리지 못한다. 2~3개월 정도 더 지나야 엄지와 집게손가락만으로도 물건을 잡을 수 있게 된다.

6개월이 되면 어느 방향으로든 자유자재로 구를 수 있고, 복부와 등의 근육이 강해져 앉아 있는 동안에도 균형을 유지할 수 있다. 또한 엎드린 상태에서 발을 밀어젖히며 전진하는 것이 가능하다. 손을 잡고 세워 주면 발을 떼는 동작을 하기도 한다.

우연히 고리를 잡게 되면 고리로부터 시선을 떼지 않고 바로 입으로 가져가려는 행동을 한다. 눈으로 본 것을 손으로 잡으려고 하는, 보기와 느끼기의 협응을 시도하는 것이다.

17주에서 28주까지는 '시각적 파악'이라 하여, 반복적인 시각 탐색을 능동적인 손동작으로 연결시키려 한다. 시력도 0.1~0.2 정도로 제법 발달해서 작은 물체나 먼 곳의 물체도 볼 수 있게 된다. 한편 4개월이 지나도 눈의 초점이 맞지 않으면 사시를 의심해 볼 필요가 있다. 방치하면 시력 발달이 지연되어 약시가 될 수도 있으므로, 이러한 증상을 보이면 안과 검사를 받아야 한다.

이 무렵부터는 정서적인 면뿐 아니라 지능도 쑥쑥 발달한다. 사물을 그저 쳐다보기만 하는 것이 아니라 본 것을 기억하기 시작하는 것. 5~6개월이 된 아기는 남자와 여자의 사진을 구별할 수 있게 된다. 주변 사물을 인식하는 능력이 한층 발전해 낯선 사람을 보면 울음을 터뜨리게 된다. 엄마가 부르면 그쪽으로 돌아보면서 좋아하거나, 말을 시키면 얼굴을 쳐다보면서 귀를 기울이고 대답을 하려고 애를 쓴다.

감정 면에서도 희로애락이 뚜렷해진다. 표정도 풍부해져서 기쁠 때는 소리를 내며 웃고, 엄마가 보이지 않으면 불안한 얼굴을 하고, 새로운 것을 보면 호기심 넘치는 표정을 짓기도 한다. 마음에 드는 물건을 발견하면 혼자 놀기도 하고, 다소 거칠게 움직이는 놀이를 좋아하기도 한다.

5~6개월 아기 마사지와 체조의 특징

이제 아기는 골격이 제법 단단해지고, 몸을 지탱하는 데도 어느 정도 익숙해진 상태다. 그러므로 마사지도 쓸어주는 동작에서 약간의 힘을 주어 지압을 하는 단계로 바꾸어주는 것이 좋다. 적당한 압력을 주어 주무르듯 마사지를 해주는 것이 훨씬 더 효과적인 시기다.

그러나 장기는 아직 연약한 상태로 충격을 받기 쉽다. 그러므로 지압점을 충분히 숙지하고 올바른 강도의 압으로 눌러야 한다.

아기는 이제 몸을 움직이는 일에 완전히 흥미를 붙인 상태다. 가만히 누워 있지 않으려 하고, 몸의 위치를 자주 바꾸며 뒤집기를 시도할 것이다.

자유자재로 움직이려면 우선 등과 옆구리 부위에 근력이 필요하다. 몸통이 버틸 수 있어야 중심을 잘 잡을 수 있기 때문이다. 그러므로 이제부터는 등 마사지를 집중적으로 해주도록 한다. 등 마사지를 할 때는 아기의 호기심을 끌 수 있는 장난감을 앞에 갖다두고 시작하는 것이 좋다.

등 마사지가 끝나면 척추를 바르게 펴주고, 엉덩이와 발뒤꿈치에 있는 성장점을 눌러준다.

5~6개월 아기 프로그램

모든 동작을 4~5회씩 반복하여 실시한다. 팔과 다리처럼 대칭을 이루는 부위는 한쪽을 4~5회 실시하고 다시 나머지 한쪽을 4~5회 실시하되, 횟수를 똑같이 맞추어 실시한다. 연속 동작은 모든 동작을 한 세트로 하여 4~5회 실시한다.

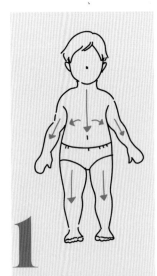

워밍업, 몸 전체 쓰다듬기
먼저 아기의 이마를 가볍게 쓰다듬으며 "지금 마사지를 해도 괜찮니?"라고 물어본다. 그런 다음 오일을 손바닥에 두세 방울 떨어뜨린 후 비벼서 촉촉하고 따뜻하게 만든다. 다섯 손가락 손끝으로 아기의 몸통, 팔, 다리를 위에서 아래로 가볍게 훑어준다. 가슴은 중앙에서 바깥쪽을 향해 가로로 쓰다듬어준다.

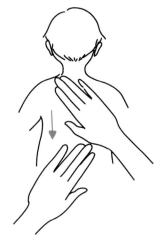

세로와 가로로 등 쓸어주기
아기를 엎드려 눕힌다(엎드려 눕힐 때는 아기가 숨을 잘 쉴 수 있도록 주의한다). 손바닥 전체로 아기의 등을 위에서 아래로 쓸어내린다. 한 손이 거의 다 내려갈 무렵 곧이어 다른 손으로 쓸어내려 부드러운 연속 동작이 되게 한다.
양손으로 아기의 등을 가로로 가볍게 비비듯 쓸어준다.

3

대각선으로 등 쓸어주기

오른쪽 손바닥으로 아기의 오른쪽 허리 부분에서 왼쪽 어깨까지 쓸어 올린다.

왼쪽 손바닥으로 아기의 왼쪽 허리 부분에서 오른쪽 어깨까지 쓸어 올린다.

오른쪽 왼쪽 동작을 번갈아 연속적으로 해준다.

4

옆구리 쓸어주기

아기의 오른손 옆구리를 양손으로 번갈아 계속 쓸어 올린다. 8~10회 반복.

아기의 왼쪽 옆구리를 양손으로 번갈아 계속 쓸어 올린다. 8~10회 반복.

5

척추 누르기

척추 양옆을 양쪽 검지손가락으로 가볍게 누르는데, 뒷목에서 시작하여 척추를 따라 엉덩이 부분까지 내려가도록 한다.

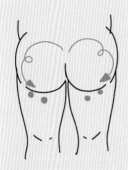

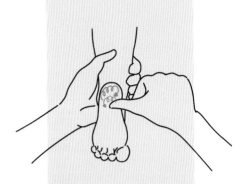

6

엉덩이 마사지

양쪽 세 손가락을 이용하여 엉덩이 가운데 부분으로부터 밖으로 원을 그리듯 돌려준다.

양쪽 엄지손가락으로 엉덩이 어래 부분(넓적다리가 이어지는 부분)을 지그시 눌러준다.

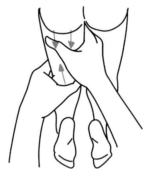

7

뒷다리 쓸어주기

한 손으로 한쪽 다리를 잡아 살짝 들어 올린 다음 다른 쪽 손으로 다리를 감싸듯이 하여 아래로 쓸어 내렸다가 다시 위로 쓸어 올린다. 반대편도 동일하게 해준다.

8

뒤꿈치 문지르기

네 손가락으로 아기 발등을 받치고 엄지손가락으로 뒤꿈치를 오른쪽으로 원을 그리듯 문질러준다. 다시 왼쪽으로 원을 그리듯 문지른다. 반대쪽도 동일하게 해준다.

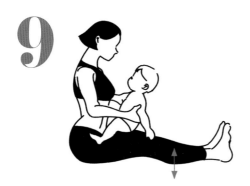

9

말타기

두 다리를 앞으로 쭉 편 자세로 앉아서 아기를 무릎 위에 앉히고 겨드랑이를 잡아 받쳐준다. 이때 아기의 양다리는 엄마 무릎을 사이에 끼고 벌려 앉아도 좋고, 엄마 무릎 위에 얹어져도 좋다. 대화를 하면서 엄마 다리를 위아래로 움직여준다. 근육의 조정 능력을 길러주는 동작이다.

10

뒤로 눕히기

두 다리를 앞으로 쭉 편 자세로 앉아서 아기를 무릎 위에 앉힌다. 양손으로 아기의 뒷목을 받쳐주고, 뒤로 눕혔다가 다시 일으켜 세운다. 신체의 위치 이동 감각 능력을 길러주어 자리에서 앉는 동작을 할 때 균형감각이 발달될 수 있도록 하는 데 도움이 된다.

11

휴식, 등 쓸어주기

엄마는 무릎을 세우고 바닥에 눕는다. 가슴 위에 아기를 엎드려 눕히고 등을 쓸어주면서 편안히 쉬게 한다. 엄마의 심장 고동을 들으면 아기는 편안한 안도감을 느끼게 된다. 아기가 추워하면 수건을 덮어준다. 그대로 잠을 재우는 것도 좋다.

5~6개월
엄마 프로그램

드디어 예전 몸매로 돌아가기 위한 시도를 할 수 있는 시기가 왔다. 이제 몸의 상태는 거의 모든 정상적인 활동이 가능하고 늘어난 운동량도 감당할 수 있을 만큼 호전되었다. 이제부터는 체중을 감량하고 늘어진 살을 조여주고 단단하게 만들 준비를 해야 한다.

흐트러진 자세도 바로잡아야 한다. 임신 중에는 복부 근육은 얇고 늘어지는 반면 등 아래 부분 근육들은 팽팽해져 땅기게 된다. 천골(엉치등뼈)과 장골(궁둥이뼈의 상반부) 관절을 가로지르는 등허리 부분은 임산부들이 공통적으로 통증을 호소하는 부위로, 늘어나고 약화된 근육들은 출산 후에도 지속적인 통증을 유발한다. 특히 아기를 안고 업고 무거운 유아 용품과 놀이 기구를 지고 날라야 하는 형편이니 통증이 가라앉을 날이 없는 게 엄마들의 현실이다.

이러한 등의 통증은 목과 어깨 근육을 약화시킬 뿐 아니라 두통까지 불러일으킬 수 있다.

일상적으로 바른 자세를 유지하는 습관을 들이도록 노력해야 하는데, 따라서 이 시기의 운동은 근육 강화에 초점을 맞추어 실시하는 것이 좋다.

근력 운동은 약해진 근육을 단련시켜 바른 자세를 유지하게 해주고, 흐트러진 몸매에 탄력을 되찾아준다.

근육은 '에너지를 소비하는 공장'이다. 근육이 많으면 많을수록 칼로리 소비도 늘어나므로, 근력 강화는 운동 강도와 횟수를 점진적으로 늘려가면서 해주어야 한다.

5～6개월 엄마 프로그램

1

팔 굽혀 펴기

무릎을 구부려 바닥에 댄다. 이때 무릎에 방석이나 이불을 대는 것이 좋다. 팔을 어깨 넓이로 벌리고 어깨부터 무릎까지 몸이 사선이 되도록 한 뒤 팔을 굽혀 가슴이 거의 바닥에 닿을 정도까지 내려갔다가 다시 올라온다. 8～12회 반복.
팔 힘을 길러주고 팔 두께도 줄여주며, 가슴 처침을 방지한다.

2

뒤로 팔 굽혀 펴기

앉은 자세에서 무릎을 어깨 넓이로 벌리고 구부려 세운다. 뒤로 손을 짚고 엉덩이를 들어 올린 후 뒤로 팔을 굽혔다가 펴기를 반복한다. 8～12회 반복.
팔 힘을 길러주고 굵어진 팔을 가늘게 만들어주며, 가슴 처침을 방지한다.

3

상체 일으키기

누운 자세에서 무릎을 어깨 넓이로 벌려 구부려 세우고 양팔을 깍지 껴 머리 뒤에 둔다. 시선은 천장 쪽에 두고 입으로 숨을 내쉬면서 상체를 일으킨다. 이때 배가 수축하는 힘으로 상체를 들어 올린다는 느낌을 갖도록 한다. 다시 코로 숨을 들이마시며 상체를 내려놓는다. 8～12회 반복.
늘어진 배를 수축시켜주는 동작이다.

4

엉덩이 들기

누운 자세에서 무릎을 어깨 넓이로 벌려 구부려 세운다. 숨을 들이마시면서 골반을 위로 밀어 올렸다가 다시 숨을 내쉬면서 골반을 내린다. 배 위나 골반 위에 아기를 앉혀 무게를 더해주면 효과적이다. 8~12회 반복.
자궁 수축을 돕고 골반을 조여주면서 처진 엉덩이를 올려주는 효과가 있다.

5

벽 타기

벽을 등진 상태에서 양발은 벽으로부터 약 50cm 정도의 간격을 두고 어깨 넓이로 벌려 선다. 엉덩이부터 등 전체를 벽에 댄다. 의자에 앉는다는 상상을 하면서 다리가 직각이 될 때까지 천천히 미끄러져 내려간다. 의자에 앉은 자세가 되면 몇 초간 정지했다가 다시 선 자세로 돌아온다. 8~12회 반복.
넓적다리 근육을 단련시켜 준다.

7~8개월
아기 프로그램

7~8개월 아기의 특징

이 무렵의 아기는 얼굴만 봐도 남자 아이인지 여자 아이인지를 알 수 있을 정도로 성별 차이가 명확해진다.

젖니가 나기 시작하는데 대개 아랫니의 앞니부터 나온다. 유치는 아랫니에 이어 윗니 순으로 나고, 1살 무렵에 아래위 네 개의 앞니가 나는 것이 일반적이다. 역시 개인차가 있어, 1살 무렵에서야 첫니가 나는 아이도 있고, 이 나는 순서가 다른 아기도 있다.

이 시기의 아기는 운동량이 점점 많아지면서 수면 리듬이 일정해진다. 밤잠이 10시간 정도로 길어지는데, 생활 리듬을 규칙적으로 만들기 위해 저녁 9시쯤 재워 아침 7시쯤 일어나도록 유도해준다. 오전과 오후에 한 번씩 1~2시간 정도 낮잠을 재우는 것이 좋은데, 수유나 이유식을 먹이고 난 후 매일 일정한 시간에 재우는 것이 좋다. 하루 총 수면 시간은 낮잠을 포함해 12시간 이상이 되도록 조절한다.

목을 가누고 팔과 다리를 활발히 움직이게 된 후에는 허리와 등 부분의 발달이 이루어진다. 엎드린 상태에서 손으로 상반신을 지탱할 수 있게 되고, 7개월 무렵에는 바닥에 손을 짚고 잠깐 동안이나마 앉을 수도 있다. 처음에는 바닥에 손을 짚고 등을 동그랗게 굽혀 흔들며 앉아 있는데, 길어야

1~2분이 고작이다. 그러다가 점점 시간이 늘어 8개월에 접어들 즈음에는 등을 쭉 펴고 앉아 양손에 장난감을 쥐고 놀기도 한다. 앉기 시작하는 것 역시 남보다 빠른 아기가 있는가 하면 8~9개월이 되도록 못 앉는 아기도 있다. 다소 늦더라도 크게 걱정할 일은 아니다. 앉을 수 있다는 것은 허리나 등뼈가 튼튼해져 상반신을 지탱할 수 있게 되었다는 증거일 뿐이다.

엎드린 자세에서 한쪽 팔로 몸을 지탱하면서 다른 팔을 뻗어 장난감을 쥐기도 한다. 배로 중심을 잡고 양손을 이용해 조금씩 앞으로 기어갈 수도 있다. 앉은 자세에서 조금 떨어진 곳에 놓여 있는 물체를 잡으려고 손을 뻗다가 엎드린 자세가 되고, 그 상태로 앞으로 나가는 것이 기어다니기의 시작이다. 이윽고 익숙해지면 배를 바닥에 붙인 채로 여기저기 기어다닌다. 기어다니기에 미숙할 때는 발을 버둥거리기 마련인데, 발버둥칠수록 몸이 뒤로 물러나게 된다. 이런 배밀이 동작을 할 때에 발바닥에 손을 대어줘서 밀도록 해주는 것도 좋다.

8개월 무렵에는 누워있던 자세에서 일어나 앉거나 서 있는 자세에서 앉는 방법도 익힌다. 몸을 잡아주면 두 발에 체중을 싣고 깡충깡충 뛰려 한다. 간혹 기는 과정을 생략하고 벽을 잡고 바로 일어서는 아기도 있다.

혼자서 앉을 수 있게 된 아기는 빠른 지능 발달을 보이게 된다. 눈의 위치가 높아지면서 시야도 넓어져 더 멀리에 있는 것, 더 높은 곳에 있는 것들을 볼 수 있게 되었기 때문이다. 사물과 환경에 좀 더 가까워진 듯한 느낌도 지능 발달에 큰 도움을 준다.

때로 장난감에 대한 집착을 보이기도 한다. 장난감을 꼭 쥐고 놓지 않으려 하고, 억지로 빼앗으면 울음을 터뜨리며 항의를 하기도 한다. 7개월 된 아기는 손바닥으로 장난감을 너끈히 쥘 수 있으며, 손으로 물체를 때리는 장난을 좋아하게 된다. 장난감으로 바닥을 마구 두드리거나 숟가락을 가지고 이유식 그릇을 두드려 엎어버리는 등의 행동은 자연스러운 발달의 과정이다. 유아들이 근육을 통제하는 능력이 덜 발달되어서 나타나는 현상이므로 야단을 치거나 부모들이 직접 먹여주는 행동들은 오히려 아이들의 발달에 지장을 줄 수 있음을 기억해야 한다.

아직 근육을 통제하는 능력이 발달이 안 되어 그렇다는 것을 알고 이해의 눈으로 바라보아야 한다. 자꾸 연습이되어야 하므로 그릇이나 기구를 빼앗지 말도록 하고 가지고 놀면서 동작이 자연스러워질 수 있도록 기회를 주어야 한다.

8개월이 되면 손놀림이 세밀해져 양쪽 손에 장난감을 쥐거나 종이를 찢고 뭉칠 수 있게 된다. 때리고 잡는 일 외에 쓰다듬는 동작도 가능해진다. 물건을 떨어뜨리거나 던지는 식의 손가락 근육 조절 능력도 눈에 띄게 향상된다. 컵을 사용하여 물을 마시거나 숟가락 사용법도 익히게 된다.

마음에 드는 장난감이 있으면 혼자서 놀기도 하는데, 그럴 때는 방해하지 않는 것이 좋다. 자꾸 참견을 하면 신경질적으로 되기 쉽고 식욕 부진의 원인이 되기도 한다.

도리도리를 하거나 손뼉을 치거나 책상을 통통 치는 정도의 간단한 행동도 따라 할 수 있게 된다. 손을 내밀며 '주세요'라는 몸짓으로 자신의 의지를 나타내기도 한다. 다른 사람의 흉내를 내는 일도 잦아진다. 이를 이용해, 손을 씻거나 이 닦기 등의 일상 습관을 들이는 것이 좋다.

8개월이 되면 언어 이해 속도도 빨라진다. '바이바이' '안녕' '만세' 등의 간단한 말에 몸짓을 덧붙여 반복해주면 그 동작을 따라 한다. 나중에는 말만 해도 혼자서 행동을 해 보인다. 또 '마마' '빠빠' '까까' 같은 두 음절짜리 소리를 발음하기도 한다. 이럴 때 한 단어로 된 그림책을 반복해 읽어주면 언어 발달에 도움이 된다.

자신의 인격에도 관심을 갖기 시작해, 고집을 부리는 일이 많아진다. '안 돼'라는 말을 분명히 알아들으면서도 금지된 일을 시도해보는 것이다.

이때부터 아기는 의도적 행위를 시작한다. 또 자신의 무의식적 움직임에서 발견한 새로운 행동 패턴에 관심을 가지게 된다. 그 행위들이 가져오는 결과를 보기 위해 반복을 거듭하는 것이다.

이전 단계에서처럼 자신의 몸에만 관심을 갖는 것이 아니라 사물과 사건 같은 외부 환경에도 관심을 갖게 된다. 부분적이긴 하지만 대상에 관한 영속성도 생긴다. 영속성이란 쉽게 풀이하면 '사건과 사건의 흐름'이다. 지금까지 아기는 정지된 화면, 즉 스냅 사진을 한 장 한 장 보듯 사물과 사건을 보아왔지만 이제부터 아기는 영화를 보듯 세상을 연결하여 보기 시작한다. 이 시기의 아기들이 '까꿍 놀이'를 좋아하는 이유가 바로 '연속성'이란 개념을 익히는 단계에 접어들었기 때문이다. 이제 아기는 사람들의 반응을 알아차리고 그에 대응할 줄도 알게 된다. 기쁨·공포·분노·놀람 등 이전보다 더 세분화된 정서를 표현한다.

이 시기에 '안 돼' '그만 해' '하지 마' 식의 부정적인 말을 자주 들려주면 아기는 의욕을 상실하고 소극적이 되기 쉽다. 그러므로 아기에게 금지령을 내리지 않도록 환경 자체를 안전하게 만들어주는 것이 좋다. 부딪혀도 다치지 않게 가구 모서리에 보호대를 해두고, 삼키기 쉬운 작은 물건이나 뾰족한 물건 등은 아기 손이 닿지 않는 곳에 치워두는 것이 좋다.

7~8개월 아기 마사지와 체조의 특징

이 시기부터 아기는 앉는 동작을 익히게 되는데, 몸을 뒤집고 상체를 일으키고 앉도록 하는 데는 자신의 체중을 이기며 밀어 올리고 지탱할 수 있는 상체의 근력이 필요하다.

앉기 위해선 팔다리 근력이 필요하며, 계속 앉아 있기 위해서는 근육이 발달해야 한다. 그러므로 이 시기에는 팔다리 근력을 강화하는 체조를 중점적으로 해준다. 이 동작들은 칼로리 소비량도 높아 비만도 방지해준다. 아기가 살이 많이 찐 경우에는 앉는 동작 익히기가 힘들어진다. 이런 경우 약간 강제적으로 연습을 시키게 되는데, 그렇게 되면 아기는 동작 자체에 거부 반응을 일으키기 쉽다.

비만이 심해지면 살을 지탱하기 위해 골격도 옆으로 벌어져 체형이 망가지기 쉽다. 그러므로 평소에 이유량을 조절하되 반드시 균형 잡힌 영양분을 섭취하도록 해야 하며, 규칙적으로 운동을 시켜주는 것이 중요하다.

우선 팔다리를 흔들어 근육을 풀어준 다음, 양옆으로 벌렸다 모아주기나 위 아래로 늘려주기를 하여 근육을 늘려준다. 특히 7~8개월 프로그램의 자전거타기와 발바닥 밀어주기 같은 동작은 다리 근육 강화에 탁월한 효과가 있다.

이 시기에는 협응력이 발달하기 시작한다. 협응이란 말 그대로 '협력하여 대응하는 동작'이다. 인간의 왼쪽 뇌는 오른쪽 신체의 움직임에 관여하고, 반대로 오른쪽 뇌는 왼쪽 신체 움직임에 관여한다. 이러한 협응력을 길러주는 운동은 뇌의 균형 잡힌 발달을 도와줄 수 있다. 손발 엇갈려 마주 대기는 아기들이 특히 좋아하는 동작으로, 협응력 발달을 도와준다.

7~8개월 아기 프로그램

모든 동작을 4~5회씩 반복하여 실시한다. 팔과 다리처럼 대칭을 이루는 부위는 한쪽을 4~5회 실시하고 다시 나머지 한쪽을 4~5회 실시하되, 횟수를 똑같이 맞추어 실시한다. 연속 동작은 모든 동작을 한 세트로 하여 4~5회 실시한다.

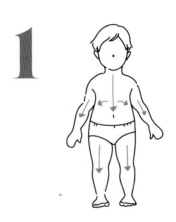

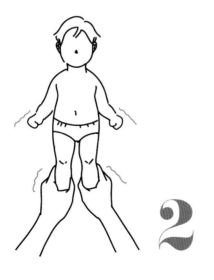

1

워밍업, 몸 전체 쓰다듬기
먼저 아기의 이마를 가볍게 쓰다듬으며 "지금 마사지를 해도 괜찮니?"라고 물어본다. 그런 다음 오일을 손바닥에 두세 방울 떨어뜨린 후 비벼서 촉촉하고 따뜻하게 만든다. 다섯 손가락 손끝으로 아기의 몸통, 팔, 다리를 위에서 아래로 가볍게 훑어준다. 가슴은 중앙에서 바깥쪽을 향해 가로로 쓰다듬어준다.

2

팔다리 흔들어주기
① 양손으로 아기의 양손을 잡아 좌우, 위아래로 가볍게 털 듯이 흔들어준다.
② 양손으로 아기의 발목을 잡아 좌우, 위아래로 가볍게 털 듯이 흔들어준다.

3

팔 늘려주기

양 손바닥으로 아기의 겨드랑이 쪽 팔 안쪽을 위로 밀어 올려 기지개를 켜는 듯한 자세로 팔 근육을 늘려준다. 약간 힘을 주어 겨드랑이부터 위팔 부분을 지그시 눌러준다.

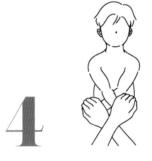

4

팔 양옆으로 벌렸다 모으기

양손으로 아기의 두 손을 잡고 가슴 앞으로 모은 다음 옆으로 늘리듯 쭉 펴준다. 팔을 바닥을 향해 약간 누르듯이 잡는다.

아기의 양팔을 X자로 교차시키되, 한 번은 오른쪽 팔이 위로 가게, 한 번은 왼팔이 위로 가게 엇갈려 준다.

위의 두 동작을 번갈아 실시한다.

5

팔 위아래로 늘려주기

한 팔을 위로, 한 팔을 아래로 가게 하여 늘려준다. 위로 올린 팔은 겨드랑이 밑을 누르듯이 하고, 아래로 내린 팔은 팔 위 어깨 부분을 누르듯이 하면서 늘려준다.

양팔을 몸통 옆에 가지런히 모은 다음 이번에는 반대로 늘려준다.

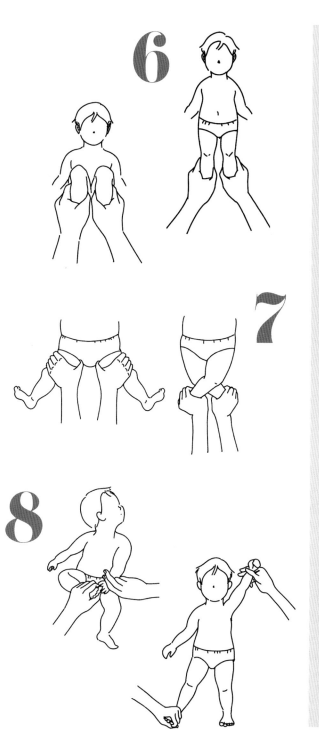

6

두 다리 구부리기

아기의 두 무릎을 잡고 가슴 쪽으로
구부려준다.
천천히 무릎을 펴준다.
다리를 위에서 아래로 주물러준다.

7

두 다리 벌렸다 엇가르기

양 손으로 아기의 넓적다리를 잡아 약
간 누르듯이 하면서 밖으로 벌린다.
안쪽으로 두 다리를 교차시켜 X자를 만
드는데, 한 번은 오른쪽 다리가 위로 가
게, 한 번은 왼쪽 다리가 위로 가게 엇갈
려준다.

8

손발 엇갈려 마주 대기

한 손으로 아기의 왼손을 잡고 다른
한 손으로 아기의 오른발을 잡아 공중
에서 마주 닿도록 당겨준다. 다섯까지
센 후 천천히 내린다.
한 손으로 아기의 오른손을, 다른 한
손으로 아기의 왼발을 잡아 마찬가지
로 공중에서 마주 닿게 당겨준다. 다
섯까지 센 후 천천히 내린다.
반대쪽도 똑같이 실시한다.

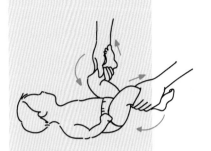

9

자전거 타기

아기의 양쪽 발목 부분을
잡고 자전거를 타듯 한 다
리씩 번갈아 돌려준다.

10

발바닥 밀어주기

아기를 엎드려 눕히고 양 발바닥에 엄마의 양 손바닥을
댄다. 손바닥 전체로 양 발바닥을 동시에 위로 밀어준다.
발목을 잡아 다리를 쭉 펴준다.

11

휴식, 등 쓸어주기

엄마는 무릎을 세우고 바닥에 눕는다. 가슴 위에 아기
를 엎드려 눕히고 등을 쓸어주면서 편안히 쉬게 한다.
엄마의 심장 고동을 들으면 아기는 편안한 안도감을
느끼게 된다. 아기가 추워하면 수건을 덮어준다. 그대
로 잠을 재우는 것도 좋다.

7~8개월
엄마 프로그램

뱃속에 태아와 양수가 담긴 임신 기간 동안에는 똑바로 서 있는 자세조차 힘들게 느껴진다. 중심을 잡기 위해 어깨를 둥글게 말고 배를 앞으로 쭈욱 내밀어 어기적거리며 걷게 되는데, 이런 부적절한 자세는 신체에 끔찍한 스트레스를 준다.

더 불행한 사실은 한 번 흐트러진 자세는 웬만한 주의를 기울이지 않고서는 바로잡기가 어렵다는 것이다. 출산 후에도 대부분의 엄마들은 임신 중에 몸에 배어버린 잘못된 자세를 그대로 유지하며 그로 인해 야기되는 온갖 신체적 스트레스를 받게 된다.

머리와 목을 앞으로 수그린 자세는 척추 윗부분의 돌출 곡선을 더 구부러지게 만든다. 안쪽으로 구부러진 어깨뼈는 흉근과 복근을 짧게 만든다. 이로 인해 압박을 받은 폐가 횡경막을 밀고 들어가 횡경막의 상하 운동을 어렵게 만들어 완전한 호흡을 방해하는 결과를 초래한다. 임신 중 약해진 복부 근육은 흐트러진 자세로 인해 한층 더 늘어지고, 복부 벽이 늘어지면서 복부의 내용물들이 밖으로 밀리면서 배가 앞으로 나오게된다. 배가 많이 나오게 되면 결국 요추가 휘어 골반이 앞쪽으로 심하게 기울게 될 것이다.

이처럼 나쁜 자세는 온몸에 악영향을 미친다. 불완전하게 분산된 체중은 골격과 각종 장기에 부담을 준다.

반면 올바른 자세는 척추가 바르게 서도록 해주며 올바른 호흡을 하도록 도와준다. 어깨를 제대로 펴고 걸으면 목 근육의 통증과 현기증이 감소하고, 골반과 척추의 위치가 바로잡히면 등의 통증이 줄어든다.

산후에는 자세의 변형이 생기지 않도록 더욱더 신경을 써야만 한다. 다음에 소개하는 기능적 운동 프로그램을 따라 하면 바른 자세를 갖출 수 있을 것이다. 바른 자세를 유지하기 위한 노력이야말로 예전의 몸매로 돌아가는 첫 번째 단계임을 잊지 말자.

7~8개월 엄마 프로그램

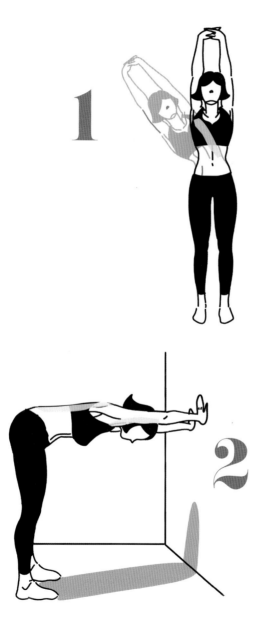

1

상체 옆으로 구부리기

두 발을 어깨 넓이로 벌리고 선다. 시선은 앞을 향하고 등은 힘을 주어 바로 세운 뒤, 양손을 깍지 껴 양팔이 귀 옆에 닿도록 팔을 머리 위로 힘있게 밀어 올린다. 그대로 상체를 옆으로 구부린다. 천천히 똑바로 올라왔다가 다시 상체를 반대쪽으로 구부리고 다시 올린다. 4회 반복.
등을 곧게 세워주고 옆구리를 유연하게 해준다.

2

벽 잡고 등 펴주기

벽을 마주보고 선다. 손바닥으로 벽을 짚고 허리를 숙여 직각을 유지한 자세로 등·팔·다리 뒷부분을 스트레칭하여 열까지 센다. 특히 등이 많이 늘어나도록 신경쓴다.
천천히 일어선 다음, 코로 숨을 들이마시면서 팔을 위로 크게 들어올렸다가 입으로 내쉬면서 팔을 내린다. 4회 반복.
등을 곧게 펴주는 동작이다.

3

등 밀어 올리기

두 다리를 벌리고 서서 무릎을 구부린다. 두 손은 무릎 위에 올려놓는다. 이 자세로 시선은 전방을 주시하면서 턱은 약간 들고 입으로 숨을 내뱉으면서 등을 납작하게 누르며 천천히 상체를 앞으로 숙인다. 고개를 완전히 떨구고 코로 숨을 들이마시면서 등을 동그랗게 하여 천천히 위로 밀어 올린다. 4회 반복.

척추의 유연성과 복부와 등의 근력을 길러주는 동작이다.

4

상체 구부리기

선 자세에서 다리는 양옆으로 넓게 벌리고 양팔은 어깨 높이로 들어 올린다. 오른쪽 무릎을 직각으로 구부리면서 오른쪽으로 상체를 숙여 오른손으로 오른쪽 다리 앞쪽 바닥을 짚는다. 천장을 쳐다보면서 열까지 세고 천천히 일어선다. 다시 왼쪽 다리를 구부리면서 같은 동작을 실시한다. 4회 반복.

다리의 유연성을 길러주고 옆구리 근육을 늘려 몸의 라인을 예쁘게 만들어준다.

5

5

배·어깨 늘리기

엎드린 자세에서 양손으로 바닥을 짚고 숨을 들이마시면서 상체를 천천히 위로 밀어 올린다. 등을 긴장시킨 채로 허리 부분까지 젖힌다.

입으로 숨을 내뱉으면서 천천히 몸을 뒤로 밀어 뒤로 앉듯이 하며 겨드랑이 아래가 충분히 늘어나도록 한다.

다시 몸을 천천히 앞으로 엎드려 머리를 바닥에 대고 팔은 앞으로 쭉 뻗어준다.

몸의 힘을 완전히 뺀다.

위 동작을 한 세트로 4회 반복.

등과 배, 어깨를 펴주어 바른 자세를 유지하는 데 도움을 준다.

9~10개월
아기 프로그램

9~10개월 아기의 특징

몸무게는 그리 많이 늘지 않지만 키는 꾸준하게 자라 전체적으로 호리호리한 느낌이 들고 목이 길어 보인다. 갈수록 활동량이 많아져 살이 단단해지고, 노는 데 정신이 팔려 식욕이 떨어지거나 체중이 줄어드는 일도 있다.

개인차가 크게 나타나, 벌써 12개월의 표준 체형을 갖춘 아기가 있는가 하면 6개월 정도밖에 안 되어 보이는 아기도 있다. 발육이 늦더라도 발달 상태가 정상적이라면 조바심을 내지 않도록 한다.

또 체력이나 운동 능력이 부쩍 발달하여 잠시도 가만히 있지 않는다. 사방팔방으로 기어다니고, 혼자 앉아 놀고, 무엇인가 붙잡고 일어서기도 한다. 성장이 빠른 아기는 손을 잡아주면 한 걸음씩 발을 떼기도 한다.

이 시기의 엄마는 아기의 발달 상태보다 한 단계 앞서서 아기를 이끌어 갈 필요가 있다. 가령 엎드리기가 가능해지면 눈앞에 장난감을 두어 기도록 유도한다. 앉게 되면 양손을 잡아 일으켜 세워주고, 서기 시작하면 손을 잡고 뒤로 한 걸음씩 물러나 발 떼기를 도와준다. 기는 과정은 3단계로 나뉜다. 처음에는 엎드려 긴다. 배를 바닥에 깔고 중심을 잡은 뒤 양손을 이용해 앞으로 나가는 것이다. 다음에는 네 발 기기를 한다. 바닥에 양손을 짚고 양 무릎을 꿇어 엉금엉금 기어다닌다. 마지막 단계는 높이 기기다. 손을 바닥에 대고 팔을 쭉 편 다음 무릎을 세우고 기는데, 이런 동작을 보이면 서기 단계에 가까워진 것이다.

이런 과정을 전부 거치지 않거나 혹은 변형된 동작을 보인다고 해도 걱정할 문제는 아니다. 그러나 걷는 동작에서 발달할 수 있는 운동 발달 영역과 기기 동작으로 발달하는 운동 발달 영역이 서로 다르므로 가급적이면 기는 동작을 잘 익힐 수 있도록 도와주는 것이 좋다. 기기 동작은 어깨와 가슴 근육을 단련시키며 평형 감각도 키워준다.

발달이 빠른 아기는 이 시기에 벌써 밥을 스스로 먹으려고 한다. 마구 휘저어 여기저기 흘릴 뿐 정작 입으로 들어가는 양은 거의 없지만, 그래도 아기용 숟가락과 포크를 손에 쥐어주도록 한다. 도구의 사용은 눈과 손의 협응능력을 도와주기도 하며, 지능을 발달 시키는 데도 도움을 준다

음식을 흘렸다고 야단치는 일도 조금 큰 다음으로 미루자. 자꾸 나무라면 수저 사용에 흥미를 잃어버리고 식욕 또한 떨어지기 때문이다.

또 될 수 있으면 우유병 사용 시간을 줄이는 것이 좋다. 우유병은 충치의 원인이 된다. 우유병을 물고 잠이 들면 우유나 주스 등이 치아를 감싸 치아우식증이 생기기 쉽다. '어차피 갈 이'라 하여 젖니 관리에 소홀하면 영구치에 나쁜 영향을 미친다. 젖니는 성인의 치아보다 썩기 쉬우므로 이유식을 먹인 뒤에는 반드시 더운물에 적신 가제나 탈지면 혹은 아기용 칫솔 등으로 이를 닦아주어야 한다.

이 시기 아기들은 '엄마' '맘마' 등과 같이 한 단어로 된 말을 하기 시작한다. 강아지를 보면 '멍멍' 고양이를 보면 '야옹' 하는 식으로 그때그때 사물이 보일 때마다 아기에게 단어를 일러주면 언어표현력이 한결 풍성해진다.

음의 강약을 조절할 수 있게 되어 속삭이거나 소리 지를 줄도 알게 된다. 기억력도 점점 좋아져 눈에 띄지 않는 장난감을 찾기도 한다. 사람 · 맛 · 장난감의 형태와 색깔 등에 대해 좋고 싫은 내색을 분명히 한다. 모방력도

상당히 발달하여 그림을 그려서 보여주면 그림을 그리는 흉내를 내기도 한다. 또 인식력도 생겨 "어디 갈까?"라고 물으면 현관 쪽을 쳐다보기도 한다.

손의 감각이 예민해지고 호기심도 왕성해져 무엇이든 만져보려는 탐색활동이 시작되어 가고 싶은 곳에 가서 무엇이든 만지고 확인한다. 때문에 이 시기부터 아기는 위험에 노출되기 마련이다. 그러므로 현관·층계·베란다에 난간을 설치하고, 화장품·세제·약 등도 아기 손이 닿지 않는 장소로 옮겨야 한다. 특히 콘센트는 위험의 시각지대. 젓가락을 꽂아 감전 사고가 발생할 수도 있으므로 반드시 안전뚜껑을 설치하고 사용하지 않을 때는 닫아두어야 한다. 식탁보를 붙잡고 일어설 경우 식탁 위에 놓인 음식들이 떨어지면서 뜨거운 음식에 화상을 입거나 그릇을 깨서 다치는 수가 있으므로 식탁보는 깔지 않는 것이 좋다.

이제부터는 슬슬 장난이 심해지는데, 지능 발달에 필요한 과정이므로 어느 정도는 눈감아주도록 한다. 그러나 위험한 장난에는 '그럼 안 돼'라는 금지의 말과 함께 금지의 사인을 보내어 엄마의 의지를 분명히 전달할 필요도 있다.

9~10개월 아기 마사지와 체조의 특징

9개월쯤에는 앉는 자세가 상당히 안정되고 가구를 붙잡고 설 수도 있다. 10개월에는 가구를 붙잡고 걷는 것도 가능해진다. 발육이 빠른 아기는 부축 없이 설 수 있고, 직립이 가능해진 다음에는 서 있는 상태에서 무릎을 구부려 앉는 방법을 배운다. 이 같은 발달과정을 보인다 하더라도, 이 시기 아기들의 주된 이동 방법은 여전히 '기어다니기'다.

이 시기의 아기들은 여러 가지 방법으로 주위를 돌아다닌다. 엎드려서 몸을 비틀고, 팔로 몸을 앞으로 끌어당기고, 발을 질질 끌며 기어다닌다. 앉아서 팔과 다리를 밀고 끌어당기면서 다니기도 하고, 마치 곰처럼 네 발로 기어다니는가 하면 몸통을 들고 손과 무릎으로 엉금엉금 기어다니기도 한다.

이렇게 아기들이 다양한 자세로 기어다니는 것은 정상적인 발육 단계이므로, 자세가 이상하다고 걱정할 필요 없다. 단, 하체 근력을 키워주기 위해 마사지와 체조를 꾸준히 실시하는 것을 잊지 말아야 한다.

아기의 손목과 발목을 돌려주는 동작은 관절의 움직임을 부드럽게 만들고 골단을 자극해 성장을 촉진한다. 거꾸로 들어 올리는 동작은 뇌의 혈액순환을 도와준다. 상체 일으키기와 옆으로 구르기는 몸통 근육을 강화시켜준다. 뒤로 다리 접기와 점프하기는 무릎뼈 골단을 자극해, 키 성장을 돕고 다리 근력을 증가시킨다. 발목 꺾어주기는 종아리의 유연성을 증가시키고 발목을 튼튼하게 만들어, 서고 걷는 동작을 익히는 데 도움을 준다.

이 무렵의 아기들은 사물과 주변에 특별히 많은 관심을 기울인다. 눈과 손의 협응은 7~8개월에 이어 훨씬 더 발달한다. 다음에 나오는 동작들 중 7번의 팔다리를 반대로 밀어주는 동작은 협응 발달을 도와준다.

이 시기 아기들은 대상에 대한 연속성이 발달되어 사물이 있다가 없어지면 그것을 기억해내고 찾는 등 연결지어 생각할 수 있는 능력을 갖게 된다.

때문에 기억력을 키워주고 지능 발달을 촉진시켜주려면 몸 전체를 움직일 수 있는 놀이를 시키는 것이 좋다. 전신을 움직이는 마사지와 체조를 통해 신체 발달과 지능 발달 그리고 정서적 교감까지, 세 마리의 토끼를 잡아보자.

9~10개월 아기 프로그램

모든 동작을 4~5회씩 반복하여 실시한다. 팔과 다리처럼 대칭을 이루는 부위는 한쪽을 4~5 회 실시하고 다시 나머지 한쪽을 4~5회 실시하되, 횟수를 똑같이 맞추어 실시한다. 연속 동작은 모든 동작을 한 세트로 하여 4~5회 실시한다.

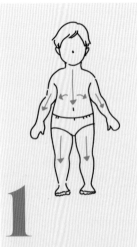

1

워밍업, 몸 전체 쓰다듬기
먼저 아기의 이마를 가볍게 쓰다듬으며 "지금 마사지를 해도 괜찮니?"라고 물어본다. 그런 다음 오일을 손바닥에 두세 방울 떨어뜨린 후 비벼서 촉촉하고 따뜻하게 만든다. 다섯 손가락 손끝으로 아기의 몸통, 팔, 다리를 위에서 아래로 가볍게 훑어준다. 가슴은 중앙에서 바깥쪽을 향해 가로로 쓰다듬어준다.

2

손목 · 발목 돌리기
아기의 손을 잡고 왼쪽 오른쪽으로 한 번씩, 원을 그리듯 부드럽게 손목을 돌려준다.
아기의 발목을 잡고 손목과 마찬가지로 좌우로 한 번씩 부드럽게 돌려준다.

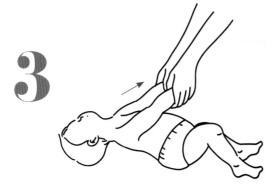

3

상체 일으키기

양손으로 아기의 두 팔을 잡아당겨 상체가 딸려 올라오도록 한다.

천천히 내렸다가 머리가 바닥에 닿기 직전에 다시 두 팔을 잡아당겨 상체를 일으켜준다.

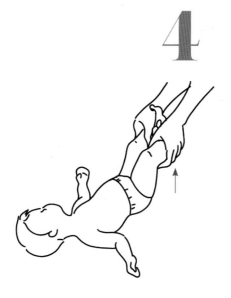

4

거꾸로 들어 올리기

아기를 바로 눕힌다. 두 손으로 아기의 양 발목을 잡고 위로 들어올리는데, 머리가 바닥에서 떨어지기 직전까지 들어 올린 다음 천천히 내려놓는다.

아기를 엎드려 눕힌다. 마찬가지로 양쪽 발목을 잡아 위로 들어 올리는데, 이번에는 아기의 손이 바닥에서 떨어질 정도까지 높이 올렸다 내린다.

5

옆으로 굴리기
한 손으로 아기의 가슴을
받치고 반대 손으로 아기
의 등 쪽을 밀면서 옆으로
아기의 몸이 돌아가도록
한다. 양손으로 아기의 몸
이 돌아가도록 한다. 양손
으로 아기의 몸통을 옆으
로 굴린다. 다시 반대쪽으
로 굴린다.

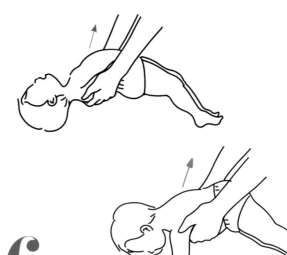

6

몸통 들어 올리기
양손으로 아기의 몸통을
들어올려 척추가 곧게 펴
지도록 한다.
아기를 엎드리게 한 뒤 양
손으로 배를 받쳐 위로 들
어 올린다.
척추와 등 근육이 바르게
펴지도록 한다.

팔다리 반대로 밀기

왼손으로 아기의 왼팔을 잡고 오른손으로 아기의 오른쪽 다리를 잡는다. 왼손은 오른쪽으로, 오른손은 왼쪽으로 동시에 밀어준다. 다섯까지 세고 천천히 제자리로 돌려놓는다. 오른손으로 아기의 오른팔을 잡고 왼손으로 아기의 왼쪽 다리를 잡는다. 오른손은 왼쪽으로, 왼손은 오른쪽으로 동시에 밀어준다. 다섯까지 세고 천천히 제자리로 돌려놓는다.

뒤로 다리 접기

아기를 엎드리게 하고 양쪽 다리를 잡아 오른쪽 다리가 왼쪽 다리 위로 겹치게 하여 X자로 접어 가볍게 눌러준다. 다섯까지 센 후 천천히 제자리로 돌려놓는다. 앞에 장난감을 놓아 아기의 시선이 앞쪽을 향하도록 유도한다.
마찬가지로 왼쪽 다리가 위로 겹치게 X자로 눌러준다. 다섯까지 센 후 천천히 제자리로 돌려놓는다.

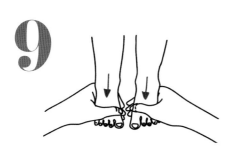

발목 꺾기

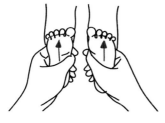

아기를 바로 눕히고 양쪽 발목을 잡아 발목과 발등이 일직선이 되도록 앞으로 지그시 눌러준다.
아기 발바닥을 발목 쪽으로 지그시 밀어준다.

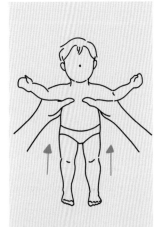

10

점프하기
아기의 겨드랑이 밑을 양
손으로 받쳐 두 발이 땅에
닿을락 말락 하도록 위로
들어준다. 이때 아기가 발
로 땅을 밀어 찰 수 있게
한다.

11

휴식, 등 쓸어주기
엄마는 무릎을 세우고 바닥에 눕는다. 가슴 위에
아기를 엎드려 눕히고 등을 쓸어주면서 편안히 쉬
게 한다. 엄마의 심장 고동을 들으면 아기는 편안
한 안도감을 느끼게 된다. 아기가 추워하면 수건을
덮어준다. 그대로 잠을 재우는 것도 좋다.

9~10개월
엄마 프로그램

    요통은 85% 이상의 사람들이 일생을 통해 한 번씩은 겪게 되는 흔한 질병이다. 특히 임신 중에는 아기의 체중을 감당하느라 등과 허리가 긴장을 하기 마련이다.

    출산 후에도 늘어난 체중과 약화된 근육으로 허리 통증은 사라지지 않는다. 몸에 밴 잘못된 자세와 생활 습관, 그리고 수유로 인한 긴장과 피로는 요통을 가중시킨다. 요통과 더불어 임신 중 약해진 관절로 인해 골반 주위에 통증을 느끼는 사람들도 많다.

    요통과 골반의 통증을 완화시키기 위해서는 복부와 등 근육을 강화시켜야 한다. 더불어 골반 주위의 근육과 관절을 유연하게 해주는 운동이 필요하다.

9~10개월 엄마 프로그램

1 다리 넘기기

누운 자세에서 양다리를
곧게 뻗는다. 양팔은 옆으
로 자연스럽게 벌린다. 한
쪽 다리를 직각으로 들어
올린 후 아래쪽 편 다리
위로 넘겨 발이 바닥에 닿
도록 한다. 머리는 넘긴
다리의 반대쪽으로 돌린
다. 반대쪽도 동일하게 실
시한다. 4회 반복.
척추를 이완시켜 허리 통
증을 완화시켜준다.

2 하체 넘기기

누운 자세에서 두 다리를 곧게 편 상태로 들어 올
려 머리 뒤쪽으로 넘긴다. 두 다리가 가능한 한
가슴에 가깝게 닿도록 하여 허리 아래부분 근육
을 늘린다. 10번을 세고 다리를 내린다. 4회 반복.
요추와 허리 근육을 늘려 허리 통증을 완화시켜
준다.

3

골반 벌려주기

누운 자세에서 무릎을 구부려 세운다. 한쪽 다리의 넓적다리 위해 반대쪽 발을 얹는다. 발을 얹은 다리의 무릎은 옆으로 벌린다. 얹은 다리 쪽 손을 벌어진 다리 사이로 집어넣어 양손으로 아래쪽 다리 넓적다리를 잡는다. 얹은 다리의 무릎을 바깥쪽으로 밀어주는 동시에 아래쪽 넓적다리를 힘있게 잡아당겨 엉덩이 근육이 늘어날 수 있게 한다. 천천히 열까지 세고 반대쪽도 동일하게 실시한다. 4회 반복.

엉덩이 근육을 늘리고 골반의 유연성을 증가시켜 골반 통증을 완화시켜준다.

4

다리 접고 앞으로 엎드리기

한쪽 다리는 뒤로 펴고 반대쪽 무릎은 앞으로 접어 앉는다. 몸통을 접은 다리의 무릎 쪽으로 튼 다음, 그대로 상체를 숙여 접은 다리 위로 엎드린다. 양팔은 앞으로 뻗는다. 반대쪽도 동일하게 실시한다.

5

골반 움직이기

한쪽 다리는 무릎을 구부려 바닥에 대고, 반대쪽 다리는 무릎을 직각으로 구부려 앞쪽에 놓는다. 직각으로 세운 쪽 손은 무릎 위에 얹고 반대쪽 손은 바닥을 짚는다. 가능한 뒤 무릎과 앞 무릎이 많이 벌어지도록 앞으로 밀면서 중심을 잡는다. 이 자세로 골반을 천천히 앞뒤, 양옆으로 움직인다. 반대쪽도 동일하게 실시한다. 4회 반복.

고관절 주위의 근육을 유연하게 하고 골반 통증을 완화시켜준다.

11~12개월
아기 프로그램

11~12개월 아기의 특징

11개월 된 아기들은 지난달 몸무게가 그대로 유지되는 경우가 많다. 대신 몸매는 유아형으로 변해 어른 체형에 좀 더 가까워진다. 두툼하던 가슴팍이 얇고 넓어지며, 머리와 가슴 둘레도 거의 비슷해진다.

12개월에는 태어났을 때보다 체중은 약 3배, 신장은 1.5배로 늘어나게 된다. 머리 둘레보다 가슴 둘레가 조금 더 큰 것이 특징.

이 시기의 가장 큰 신체적 특징은 말랑말랑했던 숨골이 드디어 단단해진다는 것이다. 두개골은 여러 개의 뼈가 모여 만들어진다. 신생아 때는 이 뼈들이 완전히 맞물려 있지 않고 틈이 남아 있다. 이를 천문(泉門: 숨구멍)이라 한다. 정수리 앞쪽의 마름모꼴 부분을 대천문이라 하고, 뒷부분을 소천문이라 한다. 대천문은 9~10개월까지는 조금 더 커진다. 그러다 11개월 이후부터 조금씩 닫히기 시작해 1년에서 1년 6개월 무렵에는 뼈가 완전히 결합되면서 없어지게 된다. 12개월 무렵에는 바로 이 대천문 자리가 딱딱해지는 것을 느낄 수 있다.

이 무렵에 특히 주의를 기울여야 할 부위는 팔꿈치인데 아기의 움직임이 활발해지면서 팔꿈치 관절이 빠지는 일이 곧잘 생긴다. 뼈가 어긋나는 탈구와 달리, 뼈를 연결하는 인대와 뼈의 위치가 어긋나서 일어나는 일이 대부분이다. 한번 이런 증상이 생기면 습관처럼 팔이 빠지게 되므로, 뼈가 완전히 단단해질 때까지는 무리한 힘이 가해지지 않도록 조심해야 한다.

11개월 무렵에는 젖떼기를 시도하는 것이 좋다. 아기의 미각은 계속해서 발달하지만, 이 시기까지는 아직 모유나 우유와 다른 음식의 맛을 구분하는 데 미숙하다. 이때 수유를 멈추지 않아 아기가 모유나 우유의 맛에 길들여지면 젖떼기가 한층 더 어려워진다.

게다가 아기는 씹어 먹어야 하는 음식보다 빨아 마시는 우유나 모유를 더 좋아할 수밖에 없다. 그러므로 젖떼기에 관한 한 아기의 의사를 살피기보다는 엄마가 결단을 내리는 편이 좋다. 그러나 대부분의 엄마들이 젖떼기를 시도했다가도 아기가 보채고 다른 음식을 먹지 않으면 영양이 결핍될까 염려하여 다시 젖을 물리곤 한다.

젖 떼는 습관을 들이는 데는 일주일 정도의 시간이 필요하지만 지금까지 제대로 영양을 섭취했다면 일주일 정도는 좀 덜 먹더라도 큰 문제는 없다.

12개월 무렵부터는 식사 예절도 가르치도록 한다. 이 시기의 아기들은 대부분 노는데 정신이 팔려 한자리에 진득하게 앉아 있지 않는다. 이럴 때 대개의 엄마들은 한 숟가락이라도 더 먹이겠다고 밥그릇을 들고 쫓아다니면서 밥을 먹이는데, 이렇게 하면 놀면서 먹는 습관이 몸에 밴다. 그러므로 식사 시간은 20~30분 정도로 정해놓는 것이 좋다. 이 시간이 지나도록 아기가 식사에 집중하지 않으면 밥그릇을 치워버리고 다음 식사 때까지는 밥을 주지 않는 것도 한 방법이다. 또한 가능하면 아기들이 어지럽히더라도 스스로 숟가락을 가지고 음식을 먹는 시도를 하도록 환경을 만들어 주는 것이 좋다. 밥을 먹는다는 것은 그릇과 자신과의 거리를 파악하고 정확하게 음식을 떠서 자신의 입에 가져다 넣는 대단히 정교한 협응을 요구하는 동작이다. 따라서 아기들에게 연습할 수 있는 기회를 많이 주어야 이러한 협응 능력이 발달될 수 있다는 점을 상기하고 엄마가 좀 귀찮더라도 아기들에게 많은 연습의 기회를 제공해주는 것이 좋다.

11개월 무렵이면 '엄마' '붕붕' 같이 아랫입술과 윗입술이 맞물려 나는 소리를 발음하는 데 더욱 능숙해지고 재미를 느껴 자꾸 발음하려고 한다. 자기가 하는 말의 의미도 깨달아 상황에 맞게 적절히 사용할 줄도 알게 된다.

한편 늦게 말을 하게 되는 아기도 많지만 이때쯤이면 말과 사물 간의 연관성을 찾아낼 줄 알게 된다. 말도 거의 알아듣고, 그림책을 보여주면서 "멍멍이는?" 하고 물으면 손가락으로 강아지를 가리키기도 한다. 지금이야말로 언어에 관한 흥미를 길러줄 절호의 기회다. 묻고 칭찬해주는 과정을 충분히 반복할수록 언어 학습에 대한 의욕이 촉진된다.

12개월 무렵에는 모방 심리가 한창 커져서 말과 행동을 곧잘 따라 한다. '이리 주세요' '감사합니다'라는 말들을 자주 흉내내고, 익숙해지면 혼자서도 적절하게 사용하기도 한다. '나가자'거나 '들어가자' 같은 의사 표시도 많아진다. 자신의 의지를 말로 표현할 줄 알게 되는 것이다.

이 즈음에는 그림책도 많이 읽어주는 것이 좋다. 이때 엄마가 마치 연기자가 된 것처럼 캐릭터에 맞게 목소리와 표정에 다양한 변화를 주면 아이의 창의력과 상상력 그리고 감성도 풍부해진다.

한편 낯가림과 수줍음이 날이 갈수록 심해지는데, 이는 기억력 발달과 연관이 있다. 엄마가 갑자기 보이지 않으면 큰소리로 울며 엄마를 찾기도 한다. 아기에게 불안한 마음이 싹트지 않도록 어딜 가면 어딜 간다고 분명하게 일러두는 것이 좋다.

12개월 무렵에는 확실하게 자아가 싹튼다. 자신의 요구가 받아들여지지 않으면 떼쓰고 울어서라도 자기 주장을 관철시키려고 한다. 바야흐로 정신과 감정의 작용이 섬세하고 복잡해지기 시작했다는 증거다.

말을 듣지 않아 상당히 애를 먹게 되지만, 가능한 한 하고 싶어하는 일은 하게 해주는 것이 좋다. 무얼 하든지 시간이 많이 걸리고 서툴지만 아이는 스스로 해내는 과정에서 만족감을 얻게 된다. 이런 자신감이야말로 성장의 원동력이다.

이 시기에는 소근육 발달이 이루어진다. 10개월 즈음에는 물건을 쥐기 위해 팔 전체를 사용했지만 지금은 손가락도 제법 움직이며 뭐든지 잡고 논다.

15개월이 되면 손가락 전부를 사용할 줄 알게 된다. 손가락의 움직임은 두뇌 발달과 특히 깊은 관련이 있다. 손가락을 미세하게 놀리는 행위는 뇌를 자극해 지능 발달에 도움을 준다.

이 시기에는 퍼즐이나 간단한 집짓기처럼 손가락을 많이 사용하는 놀잇감을 준비해준다. 낙서도 굉장히 좋아하는데, 낙서는 대뇌를 자극하므로 큰 종이와 아기용 크레용을 주어 자유롭게 그리게 해준다.

11~12개월 아기 마사지와 체조의 특징

11개월 무렵 도움을 받아 걷기 시작한 아기들은 12개월이 되면 대부분 혼자 걷기를 시도하게 된다. 그러나 아직 자세가 불안정하여 넘어질 때가 많으므로, 넘어져도 크게 다치지 않도록 가구를 멀찌감치 치워두고 모서리 부분은 싸두거나 보호대를 설치하는 것이 좋다.

이 시기 부모들은 적극적으로 걸음마 연습을 도와줘야 한다. 스스로 걷게 될 때까지 지켜보는 것도 좋지만, 의욕만 앞서고 제대로 걷지 못할 때 아기는 짜증을 느끼게 될 수 있다. 그 결과 걸음마에 관한 흥미를 잃을 수도 있으므로 놀이나 마사지와 체조를 통해 걸음마를 숙달할 수 있도록 도와주는 것이 좋다.

아기의 손을 잡고 엄마 발등에 아기 발을 올려놓은 다음 하나 둘 구령을 맞춰가며 한발 한발 앞으로 걸어보자. 반복하다 보면 자연스럽게 아기가 자신의 발을 앞으로 내딛게 된다. 걸음마를 시작할 때 아기는 층계나 의자에 오르내리려 한다. 이때 위험하다고 무작정 안아서 올려주거나 내려주면 운동 발달이 늦어지는 결과를 초래한다. 무턱대고 의자 위에 오르려는 행동은 위험하지만 그리 높지 않은 계단에서는 부모가 손을 잡아준 상태에서 아기가 자신의 힘으로 오르내리는 것도 좋은 방법이다. 가끔 아기가 위험하다고 안아서만 아기를 보호하는 경우가 있는 데 이런 경우 아기의 걸음마가 상당히 지연될 수 있다. 위에서 숟가락질에 대해 언급하였듯이 아기를 무작정 보호하는 것은 아기가 움직이고 발달할 수 있는 기회를 박탈하는 것이다. 천번 이상을 엉덩방아를 찧어야 아기는 걸음마를 배운다. 아기의 학습의 기회, 발달의 기회를 어른들의 판단으로 박탈하는 일이 없도록 세심하게 신경을 써야한다.

걸음마를 시작하는 아기에게 필요한 것은 근력과 유연성이다. 다음 프로그램에 나오는 다리 돌리기와 등 굴리기 동작은 유연성을 강화해주는 동작이다. 동작이 크고 강도가 센 다른 체조들은 근력을 발달시켜준다.

두 팔 들고 하늘 보기 동작은 가슴을, 팔 들고 옆구리 늘려주기 동작은 옆구리 근력을 강화시킨다. 몸 사선으로 받쳐주기는 다리·배·등의 근육을 강화시키면서 신체 조정 능력을 길러주는 동작이다. 팔 잡아당기기와 비행기 타기는 팔다리 근력과 신체 조정 능력을 키워준다. 두 팔 잡고 늘려주기 동작은 아기의 팔 근육을 아름답게 만들어주고, 어깨와 상완골(위팔뼈) 골단(뼈의 양쪽 끝)을 자극하여 뼈의 성장을 돕는다.

11~12개월 아기 프로그램

모든 동작을 4~5회씩 반복하여 실시한다. 팔과 다리처럼 대칭을 이루는 부위는 한쪽을 4~5회 실시하고 다시 나머지 한쪽을 4~5회 실시하되, 횟수를 똑같이 맞추어 실시한다. 연속 동작은 모든 동작을 한 세트로 하여 4~5회 실시한다.

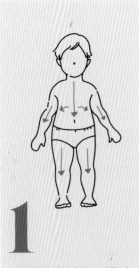

1

워밍업, 몸 전체 쓰다듬기
먼저 아기의 이마를 가볍게 쓰다듬으며 "지금 마사지를 해도 괜찮니?"라고 물어본다. 그런 다음 오일을 손바닥에 두세 방울 떨어뜨린 후 비벼서 촉촉하고 따뜻하게 만든다. 다섯 손가락 손끝으로 아기의 몸통, 팔, 다리를 위에서 아래로 가볍게 훑어준다. 가슴은 중앙에서 바깥쪽을 향해 가로로 쓰다듬어준다.

2

다리 돌리기
아기의 양발을 잡아 무릎을 구부리도록 한 뒤 바깥쪽으로 천천히 원을 그리듯 돌려준다. 마찬가지 방법으로 안쪽으로 돌려준다.

3

등 굴리기

아기의 양쪽 종아리를 잡아 천천히 위로 들어 올린다. 이때 등이 바닥에서 완전히 떨어지지 않게 허리 약간 윗부분까지만 들어 올린다.

등이 동그랗게 되도록 하여 위아래로 굴려준다. 이때 목과 머리가 움직이지 않게 주의한다.

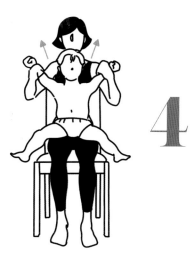

4

두 팔 들고 하늘 보기

무릎 위에 아기를 앉히고 뒤에서 두 팔을 잡아 머리 위로 올린 다음 뒤로 젖혀준다. 이때 아기의 고개도 같이 젖혀지도록 하고, 가슴도 활짝 열어주도록 한다.

5

팔 들고 옆구리 늘리기

아기를 무릎 위에 앉힌 상태에서 만세 하듯 두 팔을 머리 위로 올리고 옆구리를 천천히 오른쪽으로 내린다. 다섯까지 세고 제자리로 돌아온다. 마찬가지 방법으로 이번에는 왼쪽으로 내렸다가 제자리로 돌아온다.

팔 돌리기

아기를 무릎 위에 앉힌 상
태로 아기의 두 팔을 앞
에서 뒤로, 뒤에서 앞으로
천천히 돌려준다.

몸 사선으로 받쳐주기

양반다리를 하고 앉아 아
기를 엄마 무릎위에 세운
다. 이때 엄마와 아기의
시선이 같은 방향으로 향
하도록 한다. 양팔로 아기
의 배 부분을 감싸안아 지
탱해주면서 아기를 일으
켜 세워 앞으로 뻗쳐 서도
록 한다.

팔 잡아당기기

양반다리를 하고 앉아 아
기를 엄마와 마주보는 자
세로 엄마의 다리 위에 서
게 한다. 아기의 양손을
잡아 위로 천천히 잡아당
기면, 아기는 중심을 잡기
위해 엉덩이를 뒤로 빼고
다리에 힘을 주면서 몸을
일으켜 세운다. 팔을 잡아
준 채로 천천히 무릎을 구
부려 앉혔다가 다시 일어
서게 한다.

9

비행기 타기

엄마가 선 자세로 아기를 가로로 안되, 팔꿈치를 몸에 붙이고 손을 앞으로 내밀어 팔을 90° 각도로 만든다. 이 자세로 아기를 천천히 좌우로 움직여준다. 이 동작은 이제 서고 걷기를 하는 아기들의 평형력을 길러주는 데 도움을 준다.

10

두 팔 잡고 늘리기

일어서서 아기의 두 팔을 잡아 바닥에 발이 닿을 듯 말 듯 하게 살짝 들어 올렸다 내리기를 반복한다. 그러면 아기가 발로 바닥을 구른다. 너무 많이 올리거나 빙빙 돌리면 다칠 수 있으니 주의한다.

11

휴식, 등 쓸어주기

엄마는 무릎을 세우고 바닥에 눕는다. 가슴 위에 아기를 엎드려 눕히고 등을 쓸어주면서 편안히 쉬게 한다. 엄마의 심장 고동을 들으면 아기는 편안한 안도감을 느끼게 된다. 아기가 추워하면 수건을 덮어준다. 그대로 잠을 재우는 것도 좋다.

11~12개월
엄마 프로그램

11~12개월 엄마 프로그램

이제 엄마의 몸은 거의 정상으로 돌아왔다고 보아도 좋다. 그러나 대부분 뱃살은 여전히 남아 있고 흐트러진 몸매는 쉽게 돌아오지 않는다. 하지만 자포자기는 아직 이르다. 본격적인 체중 감량은 이제부터가 적기다.

생후 1년까지 아기의 성장은 정말 예사롭지 않았다. 때문에 엄마는 잠시도 아기에게서 눈을 뗄 수 없었을 것이고, 그런 자신을 자랑스럽게 여겨야 한다. 그러나 이제부터는 자신의 건강과 몸매를 돌보는 데도 더욱 적극적으로 관심을 기울일 시기다.

체중 감량을 위해선 전신을 움직여야 한다. 유산소 운동으로 지방을 연소시키고 부분 트레이닝으로 탄력을 강화해야 한다. 부분 트레이닝은 근육을 단련시키고 유연성을 증가시켜주지만 지방을 연소시키지는 않는다. 체중을 감량하기 위해서는 맥박수를 증가시키는 에어로빅이나 조깅, 수영 등의 운동을 적어도 30분 이상 꾸준히 하는 습관을 들여야 한다.

출산을 경험하기 전 꾸준히 운동을 해왔던 사람들도 출산 후 운동을 다시 시작했을 때 임신 전보다 복부 통증이 심해졌다는 호소를 하기도 한다. 이는 약해진 복부 근육과 늘어난 자궁 인대에 부담이 가기 때문이다. 복부 경련은 때때로 옆구리 통증을 유발하기도 한다.

늘어난 지지 조직은 시간을 두고 점차적으로 강화해나가는 것이 최선이다. 운동하기 전 워밍업을 충분히 하고, 운동량을 서서히 늘려가야 한다. 복부 경련이나 옆구리 통증을 느끼면 운동의 강도를 낮추어 과로를 피하는 것이 좋다.

어떤 운동 프로그램을 선택했던 간에 준비 운동과 정리 운동을 생략해서는 안 된다. 준비 운동은 근육을 이완시켜 상해를 예방해 주고, 심장을 비롯한 온몸의 조직이 운동에 적응할 수 있도록 도와준다. 그러나 과도한 스트레칭은 금물이다. 빠른 스트레칭 동작은 오히려 근육을 경직시킨다. 극한까지 수행하는 스트레칭도 피하고, 매일 조금씩 서서히 늘려주는 것이 좋다. 정리 운동은 빨라진 심장박동수를 서서히 정상으로 돌아가게 해주고, 팔다리로 흐르는 혈액의 울혈을 예방해주며, 근육의 피로도 빨리 회복시켜준다.

한꺼번에 너무 많은 양의 운동을 하는 것은 오히려 역효과를 불러온다. 한 번에 30분 정도만 하고, 운동량이 모자란다고 느껴져도 반드시 휴식을 취한 뒤 운동을 계속하는 것이 좋다. 이렇게 하지 않으면 관절이 망가지고 심장 혈관에 스트레스가 가중된다. 전신운동을 할 때는 심장 박동을 모니터링하여, 심장에 부담이 가지 않는 한도 내에서 운동하도록 한다.

처음 며칠간은 걷기부터 시작하는 것이 좋다. 적응이 되면 가볍게 뛰기를 시도하는데, 처음에는 5분 정도 뛰다가 걷는 것을 반복하다가 차츰 뛰는 시간을 늘려가도록 한다. 조깅뿐 아니라 에어로빅, 수영 등의 운동도 모두 같은 방법으로 실시한다.

운동시 유방의 무게로 인해 통증을 느낄 수도 있으므로 가슴을 잘 받쳐줄 수 있는 편안한 브래지어를 착용하는 것이 좋다. 환기와 통풍이 잘되는 장소를 선택하고, 시멘트 바닥은 관절을 상하게 할 수 있으므로 피하는 것이 좋다.

11~12개월 엄마 프로그램

다음의 운동들은 체온을 높이고 맥박수를 증가시켜주는 준비 운동이다. 전신 운동을 하기 전
반드시 실시하도록 한다.

1

호흡하기

양다리를 벌리고 선다. 코
로 숨을 크게 들이마시면
서 무릎을 살짝 구부림과
동시에 양팔은 아래에서
양 옆을 지나 위로 들어
올린다. 다시 숨을 입으로
내뱉으면서 무릎과 양손
을 제자리로 가져온다. 4
회 반복.

2

어깨 돌리기

양쪽 어깨를 앞에서 뒤로
다시 뒤에서 앞으로 크게
돌린 다음, 두 팔을 들어 역
시 앞에서 뒤로 뒤에서 앞
으로 크게 돌린다. 4회 반복

3

손 털면서 가볍게 뛰기

몸 앞에 양손을 두고 가볍게
뛰면서 양손을 털어준다. 16
회 반복

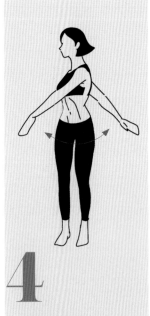

4

몸통 돌리기

다리를 벌리고 선 자세에
서 양팔을 자연스럽게 늘
어뜨린다. 양팔을 크게 돌
려 뒤를 보고 다시 반대쪽
으로 돌려 앞을 본다.
이번에는 양팔을 머리 위
로 들고 마찬가지의 방법
으로 양팔을 크게 돌리며
몸통을 돌려준다.
위 동작을 한 세트로 8회
반복한다.

5

무릎 돌리기

양손을 허리에 얹고 한 무
릎씩 번갈아 위로 들어 올
리면서 가볍게 뛴다. 16회
반복.

1살 이후,
아빠와 함께 하는
성장 체조

1살 이후 아기의 평균적인 걸음마 순서는 다음과 같다.

14개월 즈음에는 완전히 혼자 걸을 수 있게 된다. 18개월에는 부자연스럽게나마 뛰기를 시작하고, 손을 잡아주면 계단을 오를 수 있다. 20개월 무렵부터는 두 발을 모아 뛸 수도 있다.

아기가 걸음마를 떼면서부터는 본격적으로 근력을 강화시키기 위해 체조의 강도를 높이는 것이 좋다. 그러므로 엄마보다는 힘이 센 아빠가 운동을 도와주는 것이 훨씬 효과적이다.

팔 누르기 동작은 발목 부위 골단을 자극해 키 성장을 돕고 발목을 튼튼하게 해준다. 다리 누르기 · 앞으로 다리 늘리기 · 옆으로 다리 늘리기 동작은 관절의 활동 범위를 넓혀주고 근육을 늘려 유연성을 강화시켜준다. 또한 넓적다리의 앞 · 뒤 · 옆 근육을 늘려 체형을 아름답게 만들어준다. 주의할 점은 골반이 제자리에 위치하도록 반드시 아빠나 엄마가 아기의 골반을 잡아주고, 자연스럽게 늘어난 상태에서 조금 더 밀어 동작의 강도를 더해주어야 한다는 것이다.

허리 뒤로 젖히기 동작은 척추의 유연성을 증가시키고 등과 복부 근육의 형태를 바로잡아준다. 엎드려 팔로 걷기는 팔 근육을 강화시켜주기 위한 운동이다. 허리 잡고 들어 올리기 동작은 점프를 통해 골단을 자극시켜 뼈의 성장을 돕는다. 인사하기 동작은 몸 전체의 평형 능력을 길러주는 운동이다. 거꾸로 들기 동작은 혈액 순환을 돕고 평형 감각을 증가시키며 척추를 이완해준다.

모두 아기의 성장을 위해 반드시 필요한 운동들이므로 꾸준히 해주도록 하자.

1살 이후 성장 체조

모든 동작을 4~5회씩 반복하여 실시한다. 팔과 다리처럼 대칭을 이루는 부위는 한쪽을 4~5회 실시하고 다시 나머지 한쪽을 4~5회 실시하되, 횟수를 똑같이 맞추어 실시한다. 연속 동작은 모든 동작을 한 세트로 하여 4~5회 실시한다. 반드시 아기의 협조를 구하면서 시작하고 하는 동안 계속 아기에게 동작 설명을 해주면서 한다. 각 동작을 하면서 아기가 자신의 신체에 대해 알 수 있도록 신체 부위의 명칭을 반복적으로 정확하게 말해주는 것은 아기가 자신의 신체에 대해 지각하고 알도록 하는 데 도움이된다.

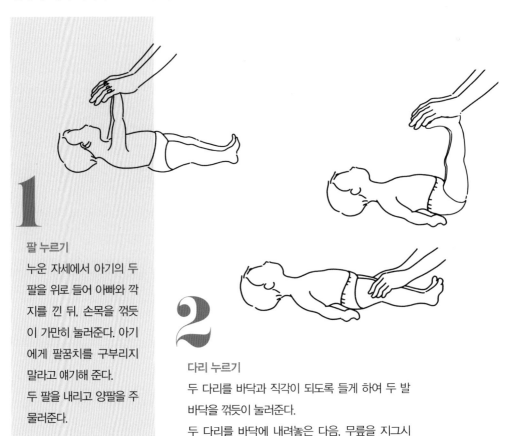

1

팔 누르기

누운 자세에서 아기의 두 팔을 위로 들어 아빠와 깍지를 낀 뒤, 손목을 꺾듯이 가만히 눌러준다. 아기에게 팔꿈치를 구부리지 말라고 얘기해 준다.

두 팔을 내리고 양팔을 주물러준다.

2

다리 누르기

두 다리를 바닥과 직각이 되도록 들게 하여 두 발바닥을 꺾듯이 눌러준다.

두 다리를 바닥에 내려놓은 다음, 무릎을 지그시 눌러준다.

3

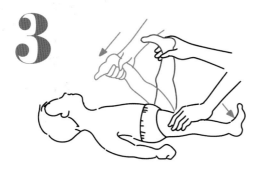

앞으로 다리 늘리기

왼손으로 아기 왼쪽 무릎을 잡아 바닥에 고정시키고, 오른손으로 아기 오른쪽 다리를 들어 가슴 쪽으로 밀어준다. 이때 양쪽 무릎이 구부러지지 않도록 주의하고, 골반도 뜨거나 비틀어지지 않도록 한다. 내려갈 수 있는 만큼 내려간 위치에서 약간 더 밀어준다.

오른손으로 아기 오른쪽 무릎을 잡고, 왼손으로 아기 왼쪽 다리를 들어 마찬가지 방법으로 다리를 늘려준다.

4

옆으로 다리 늘리기

아기를 옆으로 눕힌 상태에서 위에 있는 다리를 들어 머리 쪽으로 당겨준다. 이때 아기 엉덩이가 뒤로 빠지지 않도록 아빠의 발로 받쳐주는 것이 좋다. 가능하면 아기가 무릎을 펴도록 한다.

아기를 반대로 눕혀 역시 반대편 다리를 머리 쪽으로 당겨준다.

5

뒤로 다리 늘리기

아기를 엎드리게 하여 왼손으로 아기의 엉덩이 아랫부분을 눌러주고 오른손으로 아기 오른쪽 다리의 대퇴 부위를 잡아 들어 올린다. 이때 골반과 왼쪽 다리가 바닥에서 뜨지 않도록 하고 들어 올린 다리의 무릎도 구부러지지 않게 한다.

마찬가지 방법으로 왼쪽 다리도 들어준다.

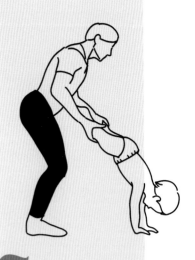

7

엎드려 팔로 걷기

아기는 손을 바닥에 짚고 엎드린다. 아빠가 뒤에서 두 다리를 잡아주어 팔로 상체를 지탱하게 한다. 아기가 손을 이용하여 앞으로 가도록 유도한다.

6

허리 뒤로 젖히기

마주 본 상태로 아빠는 앉고 아기는 선다. 아기의 허리를 감싸듯 잡아주고 아기의 상체를 뒤로 젖히게 한다.

8

허리 잡고 들어 올리기

아빠가 서서 아기의 허리를 잡는
다. 아기 스스로 발을 굴러 위로
뛰도록 하여 다리 힘을 길러준
다. 익숙해지면 아기에게 뛰면
서 다리를 옆으로 벌리도록 시
켜본다.

9

인사하기

아빠는 선 자세에서 무릎을 살짝
구부린다. 아기는 아빠와 등을 지
고 아빠 허벅지에 올라선다. 아빠
의 손을 깍지 껴 아기의 배와 골반
사이에 놓는다. 깍지 낀 손에 몸을
지탱하게 하여 인사를 하듯 몸을
수그리게 한다. 스스로 몸을 조정
하여 서게 한다.

10

거꾸로 들기

아기의 양 발목을 잡고 거꾸로
들어 올린다. 다섯을 세고 바닥
에 손부터 닿도록 조심해서 내려
놓는다. 아기가 재미있어하면 몇
번 반복한다. 그러나 지나치게
오래 거꾸로 들고 있거나 너무
많이 하지는 않도록 한다.

아기의 멋진 체형을 위한 맞춤 프로그램

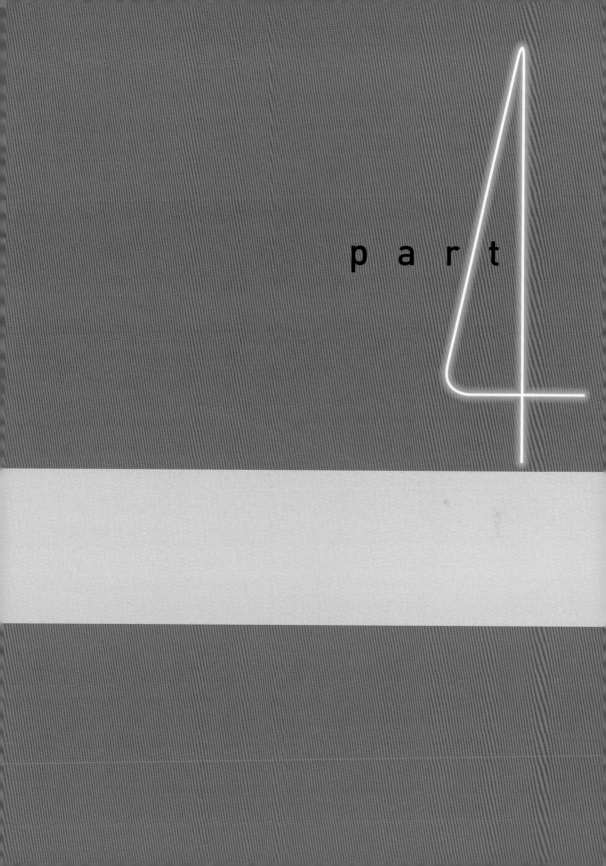

part 4

키 크기 마사지

우리의 몸은 반드시 유전에 의해서만 늘씬하게 성장하는 것은 아니다. 점프처럼 키 크기에 도움이 되는 운동을 많이 하는 농구 선수들은 유전인자로 인한 것보다 훨씬 더 많이 자란다. 사실 유전인자가 키에 미치는 영향은 20~30%밖에 되지 않는다. 나머지 70~80%는 환경적 요인이 좌우하는 것이다.

바꿔 말하면 아기의 키는 부모의 키에 의해 결정되는 게 아니라, 부모의 관심과 노력 여하에 따라 커질 수도 작아질 수도 있다는 것이다.

태어나서 1살 이전은 큰 키와 작은 키를 판가름하는 갈림길이 된다. 성인 신장의 20~25% 이상이 자라는 사춘기만큼이나 급격한 성장이 이루어지는 시기이기 때문이다.

갓 태어난 아기는 약 50cm 정도에 불과하지만 2살 무렵에는 88~90cm까지 자란다. 1년 새 평균 20cm 이상 성장하는 셈이다.

두 번째 성장 단계는 만 2살부터 사춘기 직전까지로 1년에 약 5~6cm 정도 자라는 것이 일반적이다.

마지막 성장 관문인 사춘기에는 1년에 7~12cm 정도 자란다.

이러한 통계는 키에 관한 일반적인 상식을 깨뜨린다. 흔히 키는 사춘기 때 크는 것으로 알고 있지만, 이미 영·유아기에 그 여부가 판가름나는 것이다.

뼈의 골단을 자극하는 성장점 누르기 마사지는 늘씬한 키를 위한 필수 요건이다. 성장점 마사지는 뼈 끝 부분의 성장점을 자극해 세로로 길게 만들고, 뼈 중간 부분을 자극해 부피 성장을 돕는다. 또 척추를 똑바로 펴주고 골반의 위치를 바로잡아 뼈가 곧게 자라도록 도와준다.

태어나 2주 뒤부터 해주는 것이 좋은데, 어릴 때는 약한 압력으로 마사지해주고, 아기가 자라는 것에 맞춰 약간씩 힘을 더 주도록 한다. 무엇보다 각 동작을 정성스럽고 세심하게 하는 것이 중요하다.

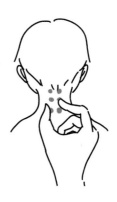

키 크기 마사지 – 2주 이후부터

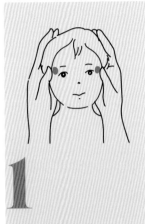

관자놀이 누르기

양쪽 귀 옆을 손바닥으로 부드럽게 비벼준다. 그 다음 엄지로 눈과 귀 윗부분 중간의 움푹 들어간 지점(관자놀이)을 1~2초가량 가볍게 눌렀다 뗀다. 머리에서 순환되는 혈액의 흐름을 원활하게 해준다.

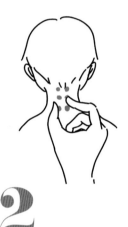

목 뒤 누르기

엄마 무릎 위에 아기를 엎드린 자세로 하고 엄지와 검지로 목 아래쪽 뼈가 튀어나온 부분 양옆을 1~2초간 가볍게 눌러주었다 뗀다. 다시 머리 쪽으로 올라가면서 가볍게 눌렀다 떼기를 반복한다. 머리에서 순환되는 혈액의 흐름을 원활하게 해주며 목의 긴장을 풀어준다.

어깨 누르기

아기의 어깨 부분을 엄지와 검지로 앞에서 뒤쪽으로 돌려가며 1~2초씩 꼭꼭 눌러준다. 위쪽 팔의 뼈 끝 부분 골단을 자극해 팔의 뼈 길이 성장을 돕고, 혈액 순환과 영양 공급을 도와 뼈를 튼튼하게 만들어준다.

4

위팔 누르기

어깨와 팔꿈치 사이 중간 부분을 엄지로 잡아 돌려가면서 1~2초씩 꼭꼭 눌러준다. 뼈의 중간 부분을 자극하는 것은 뼈의 굵기, 즉 부피성장을 촉진하고 튼튼하게 만드는 데 도움을 준다.

5

팔꿈치 누르기

엄지와 검지로 팔꿈치 부위를 앞에서 뒤쪽으로 돌려가며 1~2초씩 꼭꼭 눌러준다. 상완골 골단을 자극해 팔의 성장을 도와준다.

6

아래팔 누르기

팔꿈치와 손목 사이 중간 부분을 엄지와 검지를 이용하여 앞에서 뒤쪽으로 돌려가며 1~2초씩 꼭꼭 눌러준다. 요골(아래팔 바깥쪽에 있는 뼈)과 척골(아래팔 안쪽에 있는 뼈)의 부피 성장을 돕고 튼튼해지도록 한다.

손목 누르기

손목 부위를 돌려가며
1~2초씩 꼭꼭 눌러준다.
요골 골단 자극을 위한 동
작으로 손목을 튼튼하게
해주고 성장을 도와준다.

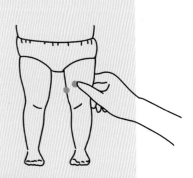

넓적다리 중간 부분 누르기

넓적다리 중간 부분을 엄지
와 검지로 앞에서 뒤쪽으
로 돌려가며 1~2초씩 꼭꼭
눌러준다. 대퇴골(넓적다리
뼈)의 두께 성장을 위한 동
작이다.

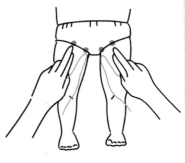

넓적다리 안쪽 누르기

넓적다리 안쪽을 엄지로
가볍게 눌러주고, 검지와
중지 두 손가락 끝으로 돌
아가면서 1~2초씩 꼭꼭
눌러준다. 장골 골단 자극
을 위한 동작으로 다리뼈
의 성장을 돕고 튼튼하게
해준다.

10

무릎 누르기

엄지와 검지로 무릎을 가볍게 동그랗게 돌려가면서 1~2초씩 꼭꼭 눌러준다. 종지뼈(무릎 한가운데 있는 종지 모양의 오목한 뼈) 양옆도 돌려가며 눌러준다. 무릎 관절에 자극을 주어 성장을 돕고, 혈액 순환과 영양 공급이 원활하게 이루어지도록 한다. 무릎을 눌러 준 후에는 무릎 뒤(오금)을 부드럽게 맛사지 해주듯이 문질러 준다.

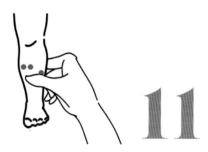

11

종아리 누르기

무릎과 발목 사이 중간 지점을 양손 엄지와 검지를 이용하여 앞에서 뒤쪽으로 돌려가며 1~2초씩 꼭꼭 눌러준다. 정강이뼈와 종아리뼈가 잘 자라고 튼튼해지도록 한다.

12

발목 누르기

발목의 가장 날씬한 부위를 엄지와 검지로 앞에서 뒤쪽으로 돌려가며 1~2초씩 꼭꼭 눌러준다. 발목을 튼튼하게 해주고 성장을 도와준다.

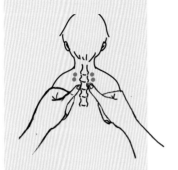

13

척추 누르기

아기를 엄마 무릎위에 엎드리도록 하고 양쪽 엄지로 가볍게 목 밑부터 아래쪽을 향해 척추 양옆을 꼭꼭 누르면서 내려온다. 척추를 곧게 하고 척추 사이의 연골을 자극하여 자세를 바로잡게 도와준다. 혈액 순환에도 좋다.

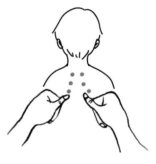

14

견갑골 주변 누르기

엄지를 이용하여 견갑골 주변을 따라가면서 가볍게 눌러준다

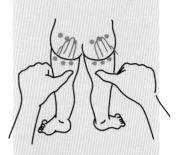

15

엉덩이 누르기

가운데 세 손가락 끝으로 허리 아래 엉덩이 부분을 꼭 눌러준다. 골반을 튼튼하게 만들어주며, 골반의 위치가 바로잡힐 수 있도록 도와준다.
엄지손가락으로 엉덩이 아래에 있는 넓적다리와의 연결 부분을 깊이 눌러준다. 엉덩이 아래쪽 마사지는 대퇴골 성장을 도와 키 성장에도 도움을 준다.

Baby Massage 05

아기의 성장 발달을 결정짓는 10가지 요인

■ **유전인자**

인종 · 민족 · 성별 · 성장 호르몬 · 인슐린 등에 따라 개인차가 난다. 단, 이러한 유전적 요인이 키성장이나 체형의 발달에 미치는 영향은 20~30% 정도인 것으로 알려져 있으며, 환경이나 영양 상태 같은 후천적 요인에 따라 더욱 현저한 차이를 보인다.

■ **인종과 민족**

동양인과 서양인의 성장 결과는 다르다. 의식주 문화가 다르기 때문이다. 설령 같은 민족이라 하더라도 다른 환경에서 지내게 되면 신체 조건에 차이가 나타난다.

■ **성별**

남자에게는 테스토스테론, 여자에게는 에스트로겐이라는 성 호르몬이 더 많이 분비된다. 테스토스테론은 골격을 크고 넓게 만들고, 에스트로겐은 몸의 굴곡을 만들어준다. 이 같은 호르몬의 차이로 여성과 남성의 신체가 달라지는 것이다. 간혹 뒤늦게 성장하는 사람도 있지만 대부분 남자는 20살, 여자는 18살에 성장이 완료된다.

■ **내분비 호르몬**

유아기의 급속한 성장은 성장 호르몬과 갑상선 호르몬 작용에 의해 이루어진다. 사춘기의 급속한 성장은 성 호르몬의 작용 때문이다.

■ **영양**

섭취하는 음식물의 양적 · 질적 차이는 성장과 발육에 지대한 영향을 미친다. 특히 만 2살 정도까지의 영양 섭취는 성장의 결정적 요인이 된다.

■ **질병**

성장기 때의 질병은 호르몬의 불균형을 야기시키고, 이로 인해 성장이 늦춰질 수 있다.

■ **계절**

통계적으로 신장은 봄에 가장 많이 자라고, 체중은 가을에 가장 많이 증가하는 것으로 알려져 있다.

■ **지역 · 사회 · 경제적 여건**

소득 수준과 사회 · 경제적 여건은 영양 섭취와 신체 활동에 영향을 미친다. 따라서 성장률에도 차이를 나타낼 수밖에 없다.

■ **시대적 여건**

문명이 고도로 발달되고 있는 현 시대는 과거보다 높은 성장 발육을 보인다.

■ **정신적 여건**

많은 연구 결과들이 부모의 애정을 듬뿍 받은 경우와 그렇지 못한 경우의 성장 차이를 입증해주고 있다. 물론 정서적으로 안정된 아이가 훨씬 더 잘 자란다. 그러므로 엄마 아빠와 함께 하는 마사지와 체조가 아기의 성장 발달에 직접적인 영향을 미친다는 것을 명심하자.

'쭉쭉빵빵' 체형 마사지

'멋지고 아름다운 체형'의 기준이라고 하면 여자들의 경우 갸름하고 작은 얼굴, 늘씬하고 길게 뻗은 팔과 다리, 그리고 잘록한 허리를 말할 것이다. 남자들의 경우에는 탄탄하면서 강건한 근육으로 단련된 역삼각형의 상체, 길고 단단한 다리 등이 해당될 것이다.

아름다운 외모가 원활한 사회 생활과 성공의 한 수단까지 되는 현실에서, 자신의 아기가 아름다운 체형을 갖기를 바라는 마음은 모든 부모의 소망이기도 할 것이다.

적절한 운동은 아름다운 체형을 위한 최선의 방책이다. 굳이 전문적으로 운동을 하지 않는 사람일 경우에도 몸의 형태에 따라 그 사람이 어떤 운동을 즐겨 하는지 짐작할 수 있다. 이는 어떤 운동을 선택하느냐에 따라 근육의 형태가 다르게 발달한다는 것을 증명하는 대목이다.

아름답고 건강미 넘치는 체형을 만들어주는 대표적인 운동으로는 리듬체조·무용·농구·헬스·피겨 스케이팅 등을 들 수 있다. 이 운동들에는 공통적으로 점프와 근육 늘리기에 관련된 동작들이 많다.

다음에 소개하는 동작들은 근육의 유연성과 근력을 길러준다. 생후 2개월 이후부터 꾸준히 해주는 것이 좋고, 길고 곧은 다리를 만들기 위한 마사지를 병행하면 훨씬 효과적이다. 각 동작은 오른쪽 왼쪽 번갈아 4회씩 해준다.

'쭉쭉빵빵' 체형 마사지 – 2개월 이후부터

1

팔 비비기

엄마의 양 손바닥으로 아기 팔을 세워 잡아 비벼준다. 반대쪽 팔도 비벼준다. 뭉친 팔 근육을 풀어주고 순환을 도와주는 동작이다.

2

팔 주무르기

양손으로 어깨부터 손까지 주무르며 내려온다. 팔의 뼈가 곧게 자랄 수 있도록 도와주며 근육이 제대로 자리 잡을 수 있도록 도와주는 동작이다.

3

팔 비틀기

아기를 눕힌 자세에서 팔을 잡아 손바닥이 위를 향하도록 팔을 비틀어준다. 다시 손바닥이 바닥을 향하도록 팔을 비틀어준다. 어깨 관절과 위팔뼈를 자극하여 성장과 유연성을 증가시켜준다.

4

옆구리 늘리기

아기의 한쪽 팔을 위로 들고
살짝 늘려주면서, 다른 손으
로 아기의 골반 부위부터 팔
부위까지의 옆구리를 아래
서부터 위로 약간 힘을 주어
쓸어 올린다. 반대쪽을 반복
한다. 옆구리 근육을 길고
곧게 늘려 몸통선을 아름답
게 만들어준다.

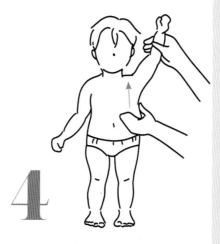

5

등 마사지하기

아기를 엎드리게 한다. 세 손
가락 끝으로 약간 힘을 주어
원을 그리듯이 하면서 등의
아래에서 위로 올라간다.
양 손바닥으로 위에서 아래
로 쓸어내리는 동작으로 마
무리한다.

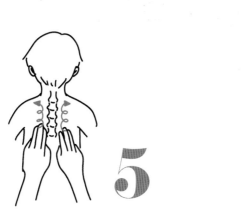

6

척추 마사지하기

척추 옆부분을 검지와 중지
로 위에서 아래로 쭉 훑듯이
내려갔다가 다시 아래에서
위로 올라간다. 이 동작을
반복한다. 척추를 곧게 펴주
는 동작이다.

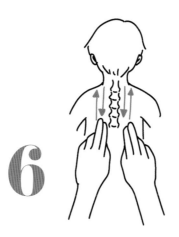

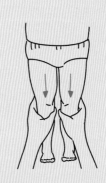

다리 비비기

아기의 한쪽 다리를 들고
두 손바닥으로 비벼준다.
반대쪽 다리를 반복한다.

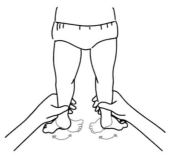

다리 주무르기

두 다리를 쭉 뻗게 하여, 두
손으로 골반 부위부터 발까
지 약간 힘을 넣어가며 주
물러준다.
위에서부터 발까지 쭉 훑어
내린다.

골반 비틀기

아기를 눕힌 자세에서 양
손으로 종아리를 잡아 발
끝이 바깥을 향하도록 다
리 전체를 비튼다.
다시 발끝이 안쪽을 향하
도록 다리 전체를 비틀어
준다. 이때 골반의 위치가
바르게 있는지 확인하면
서 시행한다.
고관절 부분과 넓적다리
골두를 자극하여 성장을
도와주고 유연성을 증가
시킨다.

길고 곧은 다리 만들기

태아는 오랫동안 좁은 자궁 안에서 웅크리고 있었기 때문에 태어나도 다리를 쉽게 펴지 못한다. 그래서 대부분의 신생아 다리는 O자형으로 휘어 있고, 2~3살 무렵까지도 다리가 휘어져 있는 게 정상이다.

아랫다리 뼈 안쪽과 바깥쪽의 성장은 시간차를 두고 이루어진다. 2~3살까지는 바깥쪽이 더 빨리 자란다. 그에 따라 윗다리도 바깥쪽으로 약간 휘어져 전체적으로 O자형 다리로 보이는 것이다. 두 돌이 지나면서부터 다리 안쪽 뼈의 성장이 집중적으로 이루어지면서 다리가 점차 곧아지기 시작한다.

또래에 비해 휜 정도가 심하다면 진찰을 받아보는 것도 좋다. 성장판 질환으로 휠 수도 있기 때문이다. 안짱다리가 점점 더 심해지거나 한쪽 다리만 휜 경우, 무릎 안쪽 부위의 경사가 완만하지 않고 급하게 휘어진 경우 등은 비타민 D 부족으로 인한 구루병이 의심된다.

걱정이 된다면 집에서 다리 길이를 검사해보자. 좌우 대칭으로 같아야 정상이다. 우선 양쪽 다리의 길이를 재보는데, 앞 골반 제일 위쪽의 튀어나온 곳에서 복사뼈까지의 길이를 측정한다. 오른쪽과 왼쪽을 다 재어본다. 양쪽 다리 길이가 2cm 이상 차이 나면 병적 요인이 있는 것이다.

다음엔 주름을 살펴본다. 아기를 반듯하게 엎어놓고 다리를 쭉 펴게 하여 양쪽 엉덩이의 주름수를 세어본다. 양쪽 주름수가 같은 것이 정상이다. 다리 뒤쪽, 무릎이 접히는 부분의 주름수도 세어 본다.

마지막으로, 아기를 눕혀놓고 양쪽 다리를 붙잡아 천천히 벌려 본다. 벌어진 각도가 같아야 한다. 건강한 아기도 약간씩은 차이가 날 수 있다. 하지만 지나치게 차이가 나면 다리를 절게 될 수 있다. 이렇게 되면 다리 관절에 무리가 가고 척추도 변형되어 성장 후 퇴행성 관절염 등으로 고생하게 된다.

다리가 휘는 걸 예방하기 위해서라도 마사지와 체조를 꾸준히 해준다. 대부분의 엄마들이 산부인과나 조리원에서 일명 '쭉쭉이'라고 불리는 체조를 배웠을 것이다. 할머니 때부터 모든 엄마들에게 전수되어온 이 전통적인 방법이 다리를 길고 곧게 만드는 데 일조하는 것은 사실이다. 확실히 '쭉쭉이 체조'는, 안짱다리를 펴주고 잘 안 쓰는 근육을 발달시키는 데 어느 정도 효과를 발휘하기는 한다.

하지만 정확한 성장판에 올바른 자극을 주는 마사지와 체조를 하는 것이 좀 더 효과적인 결과를 가져올 수 있다.

실험 결과, 집중적으로 마사지를 해준 아기들의 경우 5~6개월만 돼도 다른 아이들보다 현저하게 다리가 곧아져 양 무릎이 일직선으로 붙게 되었다.

특히 너무 일찍 걸음마를 시작했거나 체중이 많이 나가는 아기들의 경우 다리뼈가 더 많이 휘어질 수 있으므로 신경을 써 줄 필요가 있다.

뼈가 단단해지는 13살 무렵까지 꾸준히 다리 마사지와 체조를 실시해 다리 모양이 바르게 자라도록 도와준다.

다리 마사지 –
2개월 이후부터

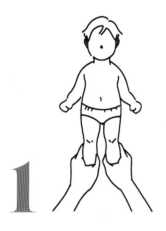

1
발목 풀기

아기의 발목을 양손으로 나눠 잡은 다음 좌우로 가볍게 흔들어준다. 다리에 힘이 들어가지 않도록 휘휘 흔들어준다. 너무 세게 흔들지는 않도록 한다

2
무릎 관절 풀기

한 손으로 아기의 한쪽 발목을 잡고 다른 한 손으로 무릎을 받친다. 아기의 다리가 90°가 되도록 들어 올린 다음 발목을 잡은 손을 천천히 밀어 무릎을 접었다가 다시 천천히 편다. 반대쪽 다리도 실시한다.

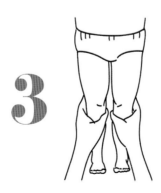

3
다리 주무르기

아기를 바로 눕힌다. 양손으로 두 다리를 동시에 잡고 대퇴부에서 발목까지 주물러준다. 두 다리를 안쪽으로 모아주듯이 하면서 곧게 편다는 느낌으로 지그시 눌러 내려온다.

4

몸 늘리기

엄마나 아빠 중 한 사람이
아기의 팔을 위에서 잡아
주도록 한다. 다른 한 사
람은 아기의 종아리 부위
를 잡고 당겨준다.

몸 전체가 곧게 펴지면서
늘어날 수 있도록 당겨준
다음, 발목을 위로 꺾어주
었다가 다시 몸 전체를 당
겨주는 동작을 되풀이한
다. 지나치게 센 힘으로 당
기지는 않도록 주의한다.

5

다리 늘리기

두 다리를 동시에 잡고 위
로 올린다. 이때 무릎을
구부리지 않게 유의한다.
가슴 쪽으로 약간 힘을 주
어 눌러준다.

다시 두 다리를 양옆으로
벌려 넓적다리 안쪽을 잡
고 약간 힘을 주어 눌러준
다. 마찬가지로 무릎이 똑
바로 펴져 있는지 확인하
면서 동작을 실시한다.

6

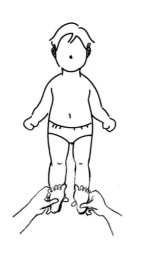

6

발 스트레칭

아기를 바로 눕힌다. 검지 손가락으로 발바닥을 받치고 엄지손가락으로 발등을 부드럽게 잡아당겨 발가락과 발목이 평행이 되도록 앞쪽으로 살짝 펴 준다.

다시 검지손가락으로 발등을 받치고 엄지손가락으로 발바닥을 살며시 밀어 발가락이 하늘을 향하도록 뒤쪽으로 살짝 밀어 준다.

이 동작은 엉덩이에서 발끝까지 다리 전체를 늘려 주어 다리를 길고 곧게 만들어준다. 2회씩 반복.

둥글고
예쁜 두상 만들기

　아기의 머리뼈가 붙고 숨골이 단단해지기 시작하는 시기는 돌 전후다. 그러므로 돌 전까지는 머리 모양을 다소 교정할 수 있다. 단, 아직 숨골이 말랑말랑하고 목을 가누지 못하는 3개월 이전에는 머리를 함부로 만지면 위험하므로 조심히 실시하도록 한다.

이때까지는 엎어 재우는 일도 조심해야 한다. 머리를 제대로 가누지 못하여 질식사하는 수가 있다.

　아기 베개로는 가운데가 움푹 파인 짱구베개를 사용하는 것이 좋다. 짱구베개가 없을 때는 수건을 긴 방향으로 둘둘 말아 끝과 끝을 고무밴드로 묶어 동그랗게 만든 다음 머리를 놓아준다.

두상 마사지 - 2주 이후부터

이마 마사지

먼저 이마와 머리를 가볍게 쓰다듬어주면서 마사지 시작을 알리는 대화를 한다. 양손 엄지를 이용하여 이마 가운데에서 옆으로 살짝 누르듯이 문질러준다. 눈썹 부위도 옆으로 문지르듯이 마사지한다. 4~5회 반복.

뒤통수 마사지

한 손으로 머리를 가볍게 들듯 목 부위를 받친다. 다른 손의 손바닥 전체로 가볍게 머리의 뒷부분을 원을 그리듯 부드럽게 쓸어준다. 아기의 머리를 옆으로 돌려 누이고 아주 가볍게 살짝 손바닥 전체로 눌러준다. 다시 반대쪽으로 머리를 돌리고 반대쪽으로 돌려서 눌러준다. 아주 가볍게 해주도록 한다.

갸름한
얼굴 만들기

미의 기준이 바뀌면서 동그랗고 복스러운 얼굴보다는 갸름한 얼굴이 환영받고 있다. 동양인의 얼굴형은 대체로 동그랗고 납작한 편인데, 다음 마사지를 계속 해주면 턱선이 갸름해지면서 얼굴의 입체감이 살아난다.

특히 젖을 빨 때와 젖니가 나기 시작할 때는 아기의 얼굴 근육이 긴장되기 쉬운데, 마사지를 해주면 근육의 긴장이 풀리고 혈액 순환이 좋아져 표정이 밝고 풍부한 얼굴이 된다. 아기와 충분히 대화를 나누면서 각 동작들을 4~5회 반복해준다.

얼굴 마사지 – 2주 이후부터

1

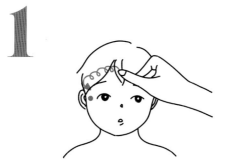

1

이마 마사지

엄지손가락으로 아기의 이마 중앙에서부터 양옆 바깥쪽으로 나선형을 그리듯 마사지해준다. 마지막으로 양옆 관자놀이 부분을 살짝 누르듯이 하면서 마무리한다. 반대쪽을 되풀이하고 양쪽 반복한다.

2

2

눈썹 마사지

아기의 눈썹 안쪽부터 눈썹을 따라 바깥쪽으로 나선형을 그리듯 마사지해준다. 이 동작은 이마와 눈썹 부분의 경직된 근육을 풀어주고 아기의 표정을 밝게 만들어준다. 반대쪽을 되풀이하고 양쪽 반복한다.

3

볼 마사지

코 옆, 눈 앞쪽에서 관자놀이까지를 엄지손가락으로 문질러준다.

입 주위에서 관자놀이까지를 엄지손가락을 이용하여 나선형으로 문질러준다.

경직된 근육을 풀어주는 동작으로 표정을 밝게 해주고 얼굴 근육 발달을 도와준다.

이 동작을 반복한다.

4

입 마사지

아기 윗입술 위 중앙에 양쪽 엄지손가락을 대고 반원을 그리듯 입술을 따라 바깥쪽을 향해 밀어 내린다.

마찬가지로 아랫입술 아래 중앙에 양쪽 엄지손가락을 대고 입술을 따라 바깥쪽을 향해 밀어 올린다.

이 동작은 젖을 빠느라 뻣뻣해진 입 주변 근육을 풀어주며, 잇몸을 튼튼하게 만들어준다.

이 동작을 반복한다.

5

턱 마사지

턱밑에서 턱선을 따라 양쪽 귀 있는 데까지 문질러준다. 얼굴 양옆을 따라 아래에서 위로 올라가 양쪽 관자놀이를 가볍게 누르듯이 하면서 마무리한다. 이 동작은 턱선을 날렵하게 만들어준다.

이 동작을 반복한다.

오똑한
코 만들기

　납작한 코보다는 오똑하고 높은 콧대가 입체적인 인상을 만들어준다. 그러나 갓 태어난 아기의 콧대가 솟아 있는 경우는 드물다. 그러나 너무 조바심낼 필요는 없다. 젖살이 빠지면 상대적으로 콧대가 살아난다.

　많은 엄마들이 손가락으로 콧대를 자주 만져주는데, 아무렇게나 만지면 아기의 말랑말랑한 콧대가 휘어질 우려가 있다. 그러므로 콧대를 세운다고 힘을 주어 주무를 것이 아니라, 마치 피부를 어루만져주듯이 가볍게 마사지해야 한다.

　다음 동작을 4~5회 반복한다.

코 마사지 – 2주 이후부터

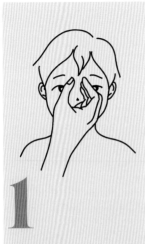

1

콧대 세우기
두 눈 사이를 엄지와 검지로
가볍게 집어 위로 올려주듯
이 한다.

콧방울 세우기
코 옆을 검지 옆부분으로
가볍게 문질러준다.

우리 아기를 위한 마사지,
이럴 땐 이렇게

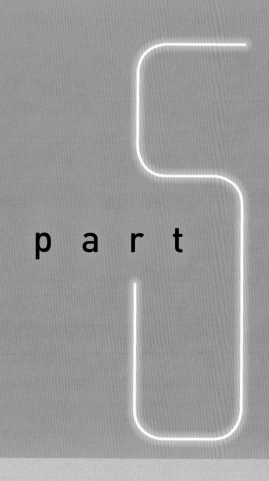

part

유연성·근력을
키워줄 때

　유연성과 근력은 체격을 유지해주고 일상 생활에 필요한 동작을 가능하게 해준다. 유연성과 근력을 강화해주는 운동은 성장 발달을 도와줄 뿐만 아니라 아름다운 체형을 형성하는 데도 도움을 주며, 무엇보다도 기초 체력을 튼튼하게 만들어준다. 따라서 적절한 시기에 행하는 유연성과 근력 운동은 성장을 위한 필수 운동이라고 할 수 있다.

　유연성과 근력은 청소년기에 이루어지는 것으로 알려져 있으나, 유아기에도 발달을 위해 필요한 요소다. 특히 일상적인 동작을 안전하게 만들어주는 유연성 운동은 아기들에겐 반드시 필요한 운동이다. 근력 운동의 경우 무거운 것을 들어 올리게 하거나 지탱하도록 하는 등의 운동을 시키면 오히려 아기의 키 성장에 방해만 될 수 있다. 따라서 아기의 근력 증가를 위한 운동은 각 부분을 적당하게 움직여주는 정도로 충분하다.

　아기가 상체를 가누고 앉을 수 있는 정도가 되면 다음의 동작들을 실시한다.

유연성·근력 강화 체조 –
6개월 이후부터

1
어깨 유연성 운동

앉아 있는 아기의 양팔을 위로 들어 올려 쭉 늘린다. 엄마의 무릎 위에 앉히고 해도 좋고 아기가 혼자 앉도록 한 뒤 도와주어도 좋다.
양손을 위로 든 상태에서 몸통을 양옆으로 틀어준다.

2
다리 유연성 운동

아기를 앉혀두고 엄마는 아기 등 뒤에서 상체로 아기의 등을 가볍게 앞으로 밀어 아기의 상체가 다리에 닿을 수 있게 눌러준다. 아기가 넘어질 우려가 있으므로 엄마의 양팔로 아기의 양옆을 받치듯이 하면서 등을 밀어준다.

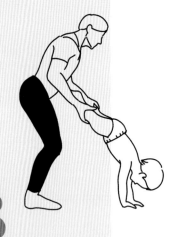

3

팔 근력 운동

아기의 두 다리를 들어 올려 양손으로 바닥을 짚도록 하고 팔만 이용해서 앞으로 전진하도록 해준다. 팔의 근력을 길러준다. 아기가 익숙해지면 좌우, 앞뒤, 방향을 이동해가면서 걷도록 한다.

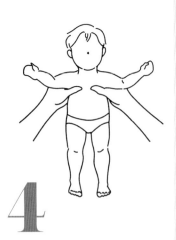

4

다리 근력 운동

아기의 겨드랑이를 잡아 세운 뒤 발 바닥으로 바닥을 차고 뛰어오르듯이 올렸다 내렸다를 반복해준다. 스스로 버티면서 바닥 차는 힘을 길러준다.

5

등 유연성 운동

아기를 엎드려 눕히고 양팔을 앞으로 뻗게 한다. 아기의 양 겨드랑이 밑으로 손을 넣어 아기 팔을 잡아 위로 들어 올려 상체가 딸려 올라오게 한다. 몸통을 들고 일으켜 세워주고 익숙해지면 겨드랑이, 팔 등을 들어 올려준다.

힘찬 첫걸음을
도와줄 때

걷기 동작은 보기에는 간단해 보이지만, 한 걸음을 움직이기 위해 수없이 많은 근육과 관절의 움직임이 요구된다. 걸음을 옮기기 위해서는 손과 발의 협응과 조정 능력도 필요하다. 뿐만 아니라 충분한 근력과 평형 감각이 있어야 똑바로 걷기가 가능한 것이다.

걸음마를 시작한 아기가 한발 한발을 조심스럽게 내딛는 것은 걷기 동작이 이처럼 복잡한 과정을 거쳐 이루어지기 때문이다. 아기는 '넘어지지는 않을까' '다음 발을 잘 디딜 수 있을까' 등의 두려움을 가지고 발을 내딛는다. 따라서 부모가 적극적으로 도와줘야 한다.

다음 프로그램은 다리 근육의 힘을 길러주고 관절을 부드럽게 만들어주며, 몸의 평형 능력과 상체의 조정 능력을 길러준다.

첫걸음 체조 −3개월 이후부터

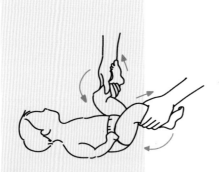

1

다리 돌리기

누운 자세에서 아기의 두 다리를 잡고 자전거를 타듯이 위아래로 번갈아가며 다리를 돌려준다. 한 다리를 구부리면 다른 한 다리는 펴주고, 반대쪽 다리를 구부리면 또 다른 쪽 다리는 펴주고 하는 식으로 해주되, 구부리는 다리는 무릎을 완저히 구부리도록 해주고 편 다리는 완전히 펴주도록 한다. 걷기 동작을 누운 상태에서 한다고 생각하면서 적당히 힘을 주어 실시한다.

2

발바닥 밀기

엎드린 자세나 바로 누운 자세 모두 좋다. 아기의 발바닥을 엄마의 손바닥으로 밀어준다. 아기가 반동을 주면 좀 더 세게 밀어준다.

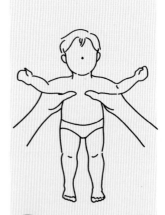

3

아기 잡아주기

아기를 일으켜 세워서 겨드랑이를 받쳐준다. 혼자 설 수 있도록 잠시 손을 옆으로 놓았다가 다시 잡아준다. 아기가 넘어지려 하면 금방 잡을 수 있도록 손을 멀리 떼지 않도록 한다. 평형 능력과 근력을 길러주는 동작이다.

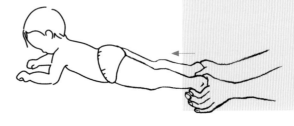

두뇌 발달을
촉진시킬 때

'뇌 혹은 지능의 발달은 유전과 환경, 그 어느 쪽 요인에 기인하는가'라는 문제는 오랫동안 뇌의학과 심리학을 연구하는 학자들의 지대한 관심거리였다.

결론을 말하자면 둘 다이다. 그러나 정확히 말하면 환경이 더 중요한 요인으로 작용한다. 최근 과학지 《네이처》에 실린 내용에 따르면 뇌의 발달에는 유전인자가 48%, 환경적 요인이 52% 작용한다고 한다.

인간의 뇌신경 세포는 약 140억 개이며, 하나의 신경세포에는 보통 1,000~10,000개의 시냅스가 연결되어 있다. 시냅스의 연결은 아기가 얼마나 많은 다양한 자극을 경험하느냐에 따라 달라지게 되며, 시냅스의 연결은 곧 두뇌의 용량을 결정짓는 요소가 된다. 따라서 아기가 접하는 환경은 곧 아기의 두뇌 발달에 중요한 영향을 미치게 된다.

이는 유전이 담당하지 못하는 더 큰 영역이 환경에 의해 달라질 수 있다는 의미다. 부모의 노력 여하에 따라 아기는 얼마든지 똑똑해질 수 있다!

두뇌 발달 체조

두뇌 발달을 위한 마사지와 체조의 기본 원리는 오른쪽 뇌와 왼쪽 뇌의 균형 있는 발달에 있다. 다음 동작들은 협응 능력을 길러준다.

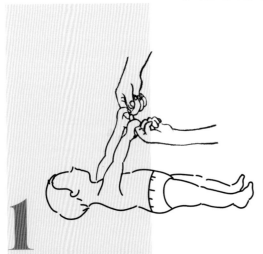

1

팔 당기기

엄마의 검지손가락을 아기가 쥐도록 한 상태에서 아기의 팔을 위로 잡아당겨 아기의 상체가 위로 올라오도록 한다. 팔 힘의 증가와 함께 공간의 개념을 익히도록 도와주는 동작이다.

팔다리 반대로 밀어주기

왼손으로 아기의 왼팔을 잡고 오른손으로 아기의 오른쪽 다리를 잡는다. 왼손은 오른쪽으로, 오른손은 왼쪽으로 동시에 밀어준다. 몸이 비틀리는 듯한 자세가 되도록 하여 다섯까지 세고 천천히 제자리로 돌려놓는다.

이어서 오른 손으로 아기의 오른팔을 잡고 왼손으로 아기의 왼쪽 다리를 잡는다. 오른손은 왼쪽으로, 왼손은 오른쪽으로 동시에 밀어준다. 몸이 비틀리는 듯한 자세가 되도록 하여 다섯까지 세고 천천히 제자리로 돌려놓는다.

오른쪽 왼쪽 협응을 통한 인지 작용을 도와주는 동작이다.

3

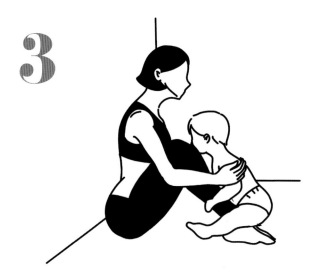

3

아기 들어 올리기

벽에 기대 앉아 발등 위에
아기를 앉힌다. 양손으로
아기의 몸을 잡고 다리를
올렸다가 내린다. 아기가
위치 변화를 이해하는 데
도움을 준다.

원활한 혈액
순환을 위하여

손바닥과 발바닥은 온몸의 경락과 연결되는 부위다. 따라서 이 부분을 규칙적으로 마사지해주면, 혈액 순환이 원활해지고 면역력이 강화되며 온몸의 기능이 좋아지는 등 기본 체력 증진에 효과가 있다.

손바닥과 발바닥 마사지는 탄생 직후부터 해줄 수 있는데, 아기가 가장 좋아하는 마사지이기도 하다. 또 가슴 주변을 마사지해주면 폐와 심장이 튼튼해진다. 각 동작 모두 세심하게 해주는 것이 중요하다.

혈액 순환 마사지 –
2주 이후부터

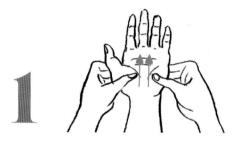

1

손바닥 마사지

아기의 한쪽 손바닥을 양손으로 쥐고 두 엄지손가락을 올려놓는다. 엄지손가락으로 아기의 손목 안쪽 가운데 오목한 부분부터 가운뎃손가락을 향해 반복해서 쓰다듬듯 밀어 올려준다. 반대쪽 손도 실시한다.

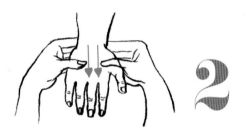

2

손등 마사지

손등이 보이도록 아기의 한쪽 손을 양손에 쥐고 두 엄지손가락을 올려놓는다. 엄지손가락으로 손목 중앙부터 가운뎃손가락 쪽을 향해 반복하여 쓰다듬듯 밀어 내린다. 반대쪽 손도 실시한다.

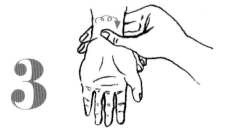

3

손목 마사지

검지로 아기 손등을 받치고 엄지를 손바닥 쪽으로 놓고 아기 손목을 살짝 잡는다. 엄지손가락으로 손목 부위를 나선형을 그리듯 반복하여 마사지한다. 반대쪽 손도 실시한다.

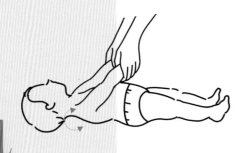

4

팔 돌리기

양손으로 아기 양손을 쥐어 슬며시 들어 올린다. 아기 팔을 천천히 위아래로 흔든다. 다음에는 가볍게 원을 그리듯 돌려준다. 이 동작들을 너무 세게 하면 탈골될 우려가 있으므로 가능한 한 부드럽게 실시한다.

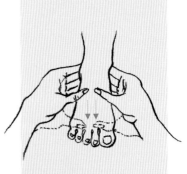

6

발등 마사지

양쪽 검지를 아기의 한쪽 발바닥에 대고 두 엄지손가락을 아기 발목 쪽에 댄다. 발목 중앙으로부터 발가락 방향을 향해 일직선으로 반복해서 쓰다듬어 내려준다. 반대쪽 발도 실시한다.

5

발바닥 마사지

양쪽 검지를 아기의 한쪽 발등에 대고 두 엄지손가락을 아기 발뒤꿈치에 댄다. 발뒤꿈치 중앙에서 발가락 방향을 향해 일직선으로 반복해서 쓰다듬어 올린 후 발바닥 전체를 골고루 꼭꼭 눌러준다. 아기가 간지러워하지 않도록 천천히 한다. 반대쪽 발도 실시한다.

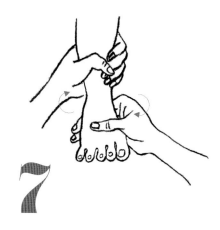

7

발목 돌리기

한쪽 손으로 아기의 한쪽 발목을 잡는다. 다른 한 손으로 발을 살며시 쥔다. 발을 쥔 손으로 천천히 오른쪽으로 원을 그리듯 발목을 돌려준다. 몇 번 반복한 뒤 다시 왼쪽으로 돌려준다. 반대쪽도 실시한다.

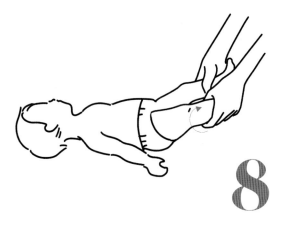

8

다리 돌리기

양손으로 아기 발목을 잡아 슬며시 들어 올린다. 아기 다리를 천천히 위아래로 흔든다. 다음에는 가볍게 원을 그리듯 천천히 돌려준다. 팔과 마찬가지로 부드럽게 실시한다.

목 뒤 마사지

한 손으로 머리를 가볍게 들 듯 목 부위를 받친다. 다른 손 엄지와 검지를 이용하여 목 뒷부분 양쪽 오목한 지점을 따라 위에서부터 아래로 다시 아래에서 위로 가볍게 마사지한다. 머리로 흐르는 혈류의 흐름을 원활하게 하여 뇌로 산소·혈액·영양분 공급이 활발히 이루어지도록 한다.

심폐 기능을
강화시킬 때

가슴 주변을 마사지해주면 폐와 심장이 튼튼해진다.

주의할 점은, 다음에 소개하는 하트 그리기 · 중앙 마사지 · 대각선 마사지 동작을 할 때 아기 가슴에 얹은 엄마 손바닥이 들리지 않고 착 달라붙도록 해야 한다는 것이다. 손바닥이 들리면 필요 이상으로 힘이 가해져 아기에게 무리를 주게 된다.

생후 일주일 이후부터 가능한 동작들이며, 아기의 성장과 비례하여 약간씩 압력을 더하도록 한다. 그러나 지나치게 힘을 가하는 것은 금물이다.

심폐 기능 마사지 – 1주 이후부터

1

가슴 두드리기

아기를 바로 누이고 양쪽 손끝으로 심장 주변을 가볍게 눌러준다. 손가락으로 가슴 위를 걷듯이 움직여 준다. 이때 아기에게 대화를 건네며 하는 것이 좋다.

심장 혈액 순환을 원활하게 하고, 갈비뼈 부위를 튼튼하게 해준다. 심장에 자극을 주어 기능을 향상시키도록 도와준다. 4~5회 반복.

2

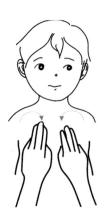

하트 그리기

아기 가슴 중앙에 두 손을 가지런히 놓는다.

양손으로 동시에 가슴 중앙에서 바깥쪽으로 늑골을 따라 밀어내듯 쓰다듬어준다.

다시 세 손가락으로 하트 모양을 그리듯 가슴 중앙으로 돌아온다.

이 동작을 4~5회 반복하되, 손이 들리지 않게 주의한다.

중앙 마사지

양손을 아기 가슴 중앙에 놓는다. 양손을 동시에 그대로 어깨 너머로 밀어내듯이 쓰다듬어 넘겼다가 다시 중앙으로 돌아온다. 이 동작을 몇 회 반복한다.

대각선 마사지

양손을 가지런히 아기 가슴 중앙에 놓는다. 오른쪽 손을 아기의 왼쪽 어깨 쪽으로 밀어내듯 훑어 올라간 뒤 중앙으로 돌아온다. 다음엔 왼손을 아기의 오른쪽 어깨 쪽으로 밀어내듯 훑어 올라간 뒤 중앙으로 돌아온다.

두 팔 들고 가슴 열기

무릎 위에 아기를 앉히고 뒤에서 두 팔을 잡아 머리 위로 올린 다음 뒤로 젖혀준다. 이때 아기의 고개도 같이 젖혀지도록 하고, 가슴도 열어준다는 느낌을 가지고 실시한다. 흉부 근육을 발달시켜준다.

상쾌한
소화 기능을 위하여

소화란 식도를 통해 몸 안으로 들어간 음식물이 위에서 물리적·화학적으로 분해되는 과정을 말한다. 위에 들어간 음식물은 위에서 분비된 효소에 의해 분해된다.

가장 중요한 단백질 소화 효소는 펩신인데, 아기의 경우에는 우유 단백질에 작용하는 레닌의 분비가 더 많다. 레닌은 젖을 응고시키는 효소로 젖 안의 유즙 단백을 응고시키고 단백질 분해 효소가 분해되기 쉽게 한다. 아기의 토사물이 상한 우유색을 띠는 것은 바로 이 레닌 성분 때문이다.

위에 들어간 음식물은 위에서 분비된 효소에 의해 분해되고, 위의 수축 운동으로 반죽되어 유동체의 미즙이 된다. 미즙은 다시 위의 연동 운동으로 조금씩 십이지장으로 보내진다.

기계적인 연동 운동은 소화의 필수적인 과정이다. 적절한 운동은 위의 연동 운동을 도와 소화와 흡수를 촉진시킨다.

다음에 소개하는 동작들은 아기의 기계적인 소화 활동을 도와 소화와 흡수를 용이하게 한다. 생후 일주일 이후부터 가능하고, 아기의 성장에 맞춰 약간의 압력을 더해주는 것이 좋다. 그러나 지나치게 힘을 가하는 것은 금물. 각 동작을 4~5회 반복한다.

소화 기능 촉진 마사지 –
1주 이후부터

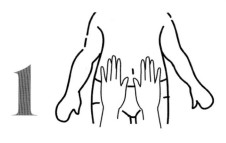

1
배 따뜻하게 하기

마사지를 하기 전에 우선 배를 따뜻하게 해주는 것이 중요하다. 엄마 손바닥에 약간의 오일을 바르고 세차게 비벼 열이 나도록 한다. 그런 뒤 아기의 배를 덮듯이 두 손바닥을 올려놓는다. 열이 식으면 다시 반복한다.

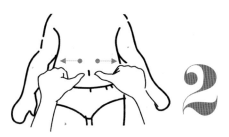

2
배 자극하기

양손 엄지로 배꼽 양옆을 누른 다음 약간 힘을 주어 양옆으로 미끄러지듯이 마사지한다.

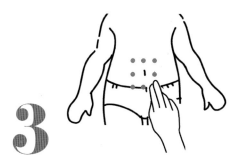

3
배 누르기

배꼽을 중심으로 손가락 한마디 정도 떨어진 곳을 사방으로 돌아가며 가볍게 눌러준다. 위쪽에서부터 시작하여 시계 방향으로 검지와 중지로 1~2초씩 천천히 눌러준다. 장기를 자극하여 소화를 도와준다.

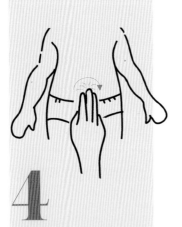

4

배 비비기
가운데 세 손가락을 이용하
여 시계 방향으로 돌려주
듯이 마사지한다. 배가 1cm
정도 들어갈 만큼 힘을 조
금만 주어 마사지한다.

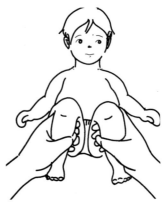

5

두 다리 구부리기
아기의 두 무릎을 잡고 가
슴 쪽으로 구부려준 다음
약간 힘을 주어 배가 눌리
도록 한다.
천천히 무릎을 펴준다.
손바닥으로 다리를 위에
서 아래로 주물러준다.

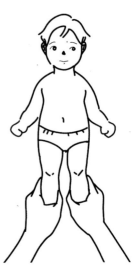

등의
피로 풀어주기

누워 있는 시간이 많은 아기의 등 부위는 피곤이 쌓이기 쉽다.

등 마사지를 해주면 근육이 이완되면서 긴장이 해소되는 효과가 있다. 또 척추와 척추를 받쳐주는 근육을 발달시킴으로서 아기의 성장을 돕는다. 각 동작을 4~5회 반복한다.

등 마사지 – 3개월 이후부터

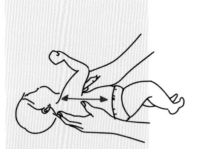

1

등 쓸어주기

아기를 왼쪽 옆구리가 바닥에 닿게 하여 옆으로 눕힌다. 이때 엄마는 아기가 넘어가지 않게 오른손으로 받쳐준다. 왼손으로 목 부분부터 엉덩이까지 아기 등의 위쪽(척추의 오른쪽)을 위아래로 왔다갔다 쓸어준다.

아기를 오른쪽 옆구리가 바닥에 닿게 하여 옆으로 눕힌다. 마찬가지로, 오른손으로 아기 등의 위쪽(척추의 왼쪽)을 쓸어준다.

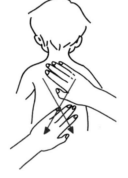

2

대각선으로 등 쓸어주기

아기를 엎드리게 한다. 손바닥으로 아기 등 오른쪽 위에서 왼쪽 엉덩이까지 대각선으로 쓸어내린다. 오른손과 왼손을 이어서 연달아 쓸어내린다. 다시 등 왼쪽 윗부분에서 오른쪽 엉덩이까지 대각선으로 쓸어내린다.

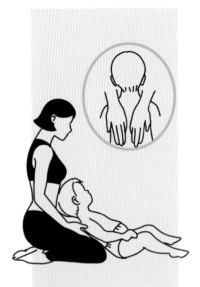

3

척추 쓸어주기

아기의 머리가 엄마 쪽을 향하도록 하여 바로 눕힌다. 등 밑에 양손을 집어넣고 세 손가락 끝으로 아기를 위로 들어 올리듯이 하면서 등 아래에서 목 부위까지 훑어준다.

저체중일 때

아기가 저체중일 때도 아기 마사지와 체조를 해주는 것이 좋다.

아기의 촉각과 운동 감각을 자극해주면 체중이 증가되고 스트레스 호르몬이 감소된다. 촉각과 운동 자극이 성장 호르몬 분비와 체중을 늘리는 인슐린의 생성을 촉진시키는 것.

아기가 저체중이라면 매일 하루 3회 이상 15분씩 마사지와 체조를 해주는 것이 좋다는 연구 결과가 있다.

매일 아기와 대화를 나누며 정성스럽게 마사지를 해주다 보면 어느새 건강하고 튼튼하게 자라는 것을 느낄 수 있을 것이다.

아래의 마사지와 함께 p195의 소화기능 촉진 마사지를 함께 실시해주면 효과를 더 증대시킬 수 있다.

저체중 예방 마사지 – 3개월 이후부터

가슴 쓸어주기

아기의 가슴을 가슴 중앙에서 양쪽 바깥으로 쓸어준다. 다시 위에서 아래로 쓸어준다.

등 쓸어주기

아기를 엄마 가슴에 안는다. 한 손으로 트림을 시킬 때처럼 위에서 아래로 엉덩이 부분까지 쓸어준다. 다시 가로로 비비듯이 쓸어준다.

엉덩이 쓰다듬기

아기가 누워 있는 상태에서 양손을 엉덩이 밑으로 넣는다. 손가락 4개를 사용하여 안쪽으로 둥글게 엉덩이를 쓰다듬어준다.

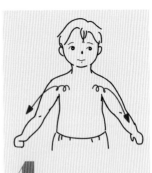

팔 쓰다듬기

어깨를 가볍게 둥글리면서 쓰다듬는다. 팔 전체를 쓰다듬으면서 손바닥을 가볍게 펴주며 마무리한다.

겨드랑이 비비기

아기의 팔을 들고 겨드랑이를 검지와 중지로 동그랗게 원을 그리듯이 가볍게 비벼준다.

비만일 때

인간은 약 40~60억 개의 지방세포를 가지고 있다. 지방세포는 대부분 1살 이전에 형성되며, 이후에는 세포수가 증가하는 것이 아니라 크기가 증가하는 것이다. 따라서 성인 비만의 여부는 1살 이전에 확정된다고 할 수 있다.

유전에 의한 비만은 25% 정도라고 한다. 이는 영양과 식습관 등 환경적 영향이 더 크게 작용한다는 얘기가 된다.

생후 6주 동안 체중이 과도하게 증가한 아기는 후에 비만이 될 가능성이 큰 것으로 알려져 있다. 특히 인공 수유, 즉 분유를 먹인 아기들의 경우에는 모유를 먹인 아이보다 비만이 될 확률이 높으므로 각별히 유의해야 한다.

아기의 비만을 방지하기 위해서는 영양분이 풍부한 음식을 조금씩 나누어 자주 먹이되, 아기 마사지로 소화를 돕고 체조로 운동량을 늘려주는 것이 좋다. 근육을 골고루 세심하게 만져주는 것이 중요하다.

아래에 소개되는 마사지. 체조 동작과 함께 겨드랑이 비비기와 사타구니 비비기, 무릎 뒤 비비기 등의 마사지 동작을 더해주면 림프의 흐름을 원활하게 해주어 노폐물을 배출하고 대사작용을 활발하게 해주는 데 도움을 줄 수 있다.

비만 예방 마사지 – 6개월 이후부터

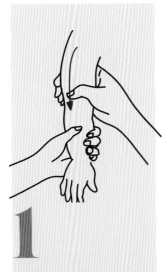

1

팔 근육 만져주기

한 손으로 아기의 한쪽 팔을 잡고 다른 손 엄지손가락으로 팔의 윗부분부터 아랫부분까지 훑어 내린다. 이때 약간 힘을 주어 근육 결을 따라 내려온다. 팔 전체를 돌려가면서 세심하게 마사지해준다. 반대쪽 팔도 실시한다.

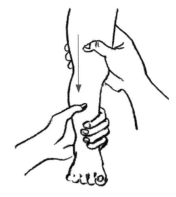

2

다리 근육 만져주기

한 손으로 아기의 한쪽 다리을 잡고 다른 손 엄지손가락으로 다리의 윗부분부터 아랫부분까지 훑어 내린다. 엄지손가락에 약간 힘을 주어 근육 결을 따라 내려온다. 다리 전체를 돌려가면서 세심하게 마사지해준다. 반대쪽 다리도 실시한다.

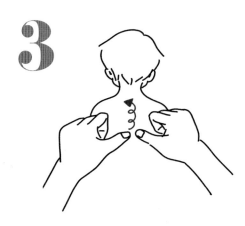

3

등 근육 만져주기

아기를 엎드리게 하고 등의 한쪽 부분을 양쪽 엄지손가락으로 세심하게 둥굴리듯 마사지하되, 방향은 아래에서 위쪽을 향하도록 한다. 반대쪽 등도 실시한다. 단, 아기가 3개월 이상 되어 목을 가누고 상체를 들 수 있을 때 실시한다.

4

뛰기

아기의 겨드랑이를 잡고 일으켜 세워서 바닥을 차고 뛸 수 있도록 잡아 올렸다 내리기를 반복한다. 마찬가지로 아기가 3~4개월 이상 되어 목을 가누고 다리로 차는 힘이 생겼을 때 실시한다.

변비가 있을 때

복부 근육을 이완시키고 긴장감을 풀어주는 효과가 있다. 변비를 완화시키고 자연스러운 배설을 돕는 데 그 목적이 있다.
배를 위한 마사지는 모두 장의 방향(시계 방향)으로 해주고, 마사지 동작은 아기의 아랫배 왼쪽에서 끝이 나도록 한다.
매일 아침저녁으로 다음 동작들을 순서대로 해주면 효과가 있다.

배 마사지 – 1개월 이후부터

1

배 마사지

양손을 펴서 아기의 배 위쪽에 위아래로 겹치듯이 세워놓는다. 양손 바깥쪽에 살짝 힘을 주면서 모래를 쓸어 담듯이 위 아래로 겹치듯 한손씩 차례로 번갈아가며 배를 마사지한다. 너무 세게 하지 않는다.

2

배꼽주변 문지르기

손바닥 전체로 시계 방향으로 큰 원을 그리듯 배꼽 주위를 문질러준다.

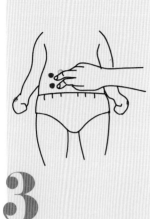

3

배 자극하기

검지와 중지 손가락 끝을 세워 아기 배 위에 놓는다. 왼쪽에서 오른쪽으로 아기 배 위를 손가락으로 걷듯이 움직인다. 이때 아기 배에서 약간의 움직임이 느껴지는데, 이는 장에 차 있는 가스가 이동하는 현상으로 장의 움직임이 활발해진다는 신호다.

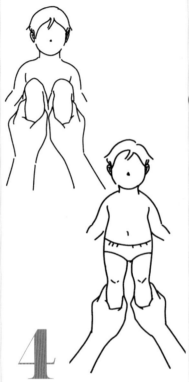

4

무릎 굽히고 펴기

아기의 두 발목을 손으로 잡고 아기 가슴에 무릎이 닿도록 천천히 굽히고 펴는 동작을 반복한다. 이 동작은 위 근육의 이완을 도와준다. 다리 마사지 효과도 볼 수 있다.

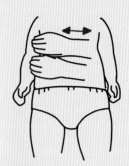

5

배 마사지

옆으로 앉아 양쪽 손바닥 밑 부분으로 아기의 배를 누르듯이 하여 앞으로 밀어주었다가 다시 손가락 끝 부분으로 잡아당기듯 마사지한다.

그밖의 경우

기침이 심할 때 – 2주 이후부터

1 가슴 덥히기

손바닥에 비벼 열을 낸 다음 아기의 가슴에 얹어 준다.

2 전중 문지르기

엄지 혹은 중지를 이용해 양쪽 젖꼭지를 연결한 선의 한가운데 지점(전중)을 작은 원을 그리듯 문지른다.

3 전중 바깥 밀기

양쪽 엄지를 전중에 놓고 바깥쪽을 향해 동시에 밀어준다. 기침을 멎게 하고 가슴이 답답한 증상을 풀어준다.

열날 때 - 2주 이후부터

1

이마 밀어 올리기

양손으로 아기 머리 옆쪽을 살며시 잡는다. 엄지손가락을 아기의 눈썹 사이에 놓고 머리카락이 돋아난 곳까지 일직선으로 살며시 밀어 올린다. 30～50여 회 실시.

2

눈썹 밀기

양손으로 아기 머리 옆쪽을 살며시 잡고 엄지손가락으로 아기 눈썹 사이를 지그시 누른다. 그런 다음 바깥쪽을 향해 살며시 밀어낸다. 30～50여 회 실시.

3

관자놀이 문지르기

양쪽 눈썹 바깥쪽과 옆머리 돋아난 곳 사이의 오목한 부분을 엄지나 중지를 이용하여 시계 방향으로 작은 원을 그리듯 문지른다. 30～50여 회 실시

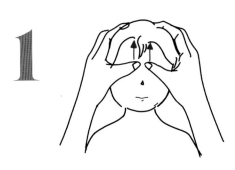

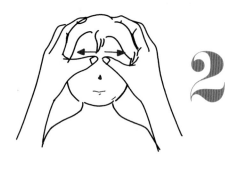

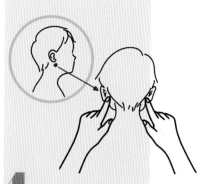

4

뒷목 상단 문지르기

아기를 엎드려 누인다. 검지나 중지로 귓불 뒤 턱선이 끝나는 지점의 오목한 곳을 시계 방향으로 작은 원을 그리듯 문지른다. 30～50여 회 실시.

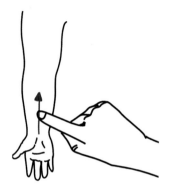

5

팔 안쪽 마사지하기

검지 혹은 중지를 이용해 손목 안쪽 가운데 오목한 지점으로부터 팔꿈치 안쪽 중앙에 이르는 직선 부위를 천천히 여러 번 밀어 올린다. 30～50회 실시.

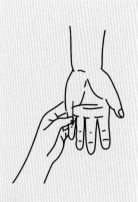

6

약손가락 밀어 내리기

엄지손가락으로 아기 약손가락 안쪽 밑 부분부터 손가락 끝을 향해 밀어 올렸다가 다시 밀어 내린다. 30～50여 회 실시.

콧물이 날 때 –
2주 이후부터

코 비비기

양손 검지손가락으로 아기의 코 옆을 감싸듯이 하여 가볍게 비벼준다. 코 부위의 혈액 순환을 촉진시키고 코 점막의 울혈을 개선하여 콧물과 코 막힘을 치료한다.

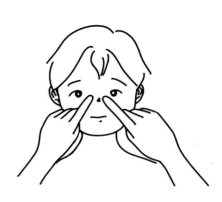

밤낮이 바뀌었을 때 –
2주 이후부터

배꼽 문지르기

검지와 중지로 배꼽 주위 2~3cm 반경을 100~300여 차례 가볍게 원을 그리듯 문질러준다. 대장 활동을 활발하게 해주고 기를 잘 순환시켜준다. 소화기 질환에도 좋다.

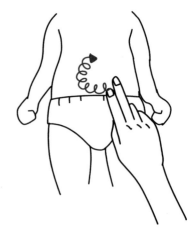

배탈이 났을 때 –
1~2주 이후부터

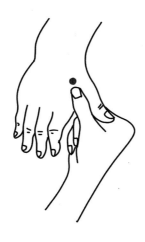

합곡 눌러주기

엄지와 검지가 연결된 오목한 지점(합곡)을 엄마의 엄지로 여러 번 꼭꼭 눌러준다. 소화 기능과 대장 기능을 좋게 해주고 복통을 잠재운다. 딸꾹질에도 효과적이다.

손의 합곡혈을 눌러주는 것과 함께 발바닥의 움푹들어간 부분을 가볍게 쓸어내려주면 소화에 더 도움을 줄 수 있다.

밥을 잘 안 먹을 때 –
1~2주 이후부터

손바닥 문지르기

아기의 손바닥이 보이게 잡고 엄지손가락 밑 도톰하게 살집이 있는 부위의 가운데를 시간될 때마다 수차례 문지른다.

엄지손가락으로 아기의 엄지손가락 바깥쪽 측면부터 위에서 문질러준 부위까지 밀어 내린다.

소화계의 기를 원활하게 만들어 강화시킨다.

우선 아기의 두 발을 쥐고 앞뒤로 움직여본다. 잘 젖혀지지 않는 발이 있을 것이다. 그 발을 한 손에 쥐고 다른 손 엄지와 검지로 엄지발가락을 잡아 발등 쪽으로 뒤집듯 젖히면서 당긴다.

차멀미할 때 – 3개월 이후부터

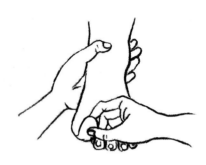

일단 엄지와 검지로 코의 양쪽을 잡아 10여 분 정도 압박한다. 이때 아기의 머리를 젖히지 않도록 한다. 머리를 젖히면 코피가 목으로 넘어가 호흡 곤란이 일어날 우려가 있다. 코피가 대강 멎으면 다음엔 아기의 한쪽 손을 쥐고 아기의 엄지손가락 아래 오목한 부분부터 중지 밑부분까지 밀어내린다. 반대쪽 손에도 실시한다. 이 동작은 심장의 더운 기를 내리고 피를 보하는 작용을 한다.

코피가 날 때 – 2~3개월 이후부터

Baby Massage 06

면역력을 길러주는 풍욕법

풍욕은 바람으로 목욕을 하듯 신선한 바람을 온몸으로 맞는 것으로, 풍욕을 하게 되면 산소를 많이 들이마시게 된다. 신생아 때부터 풍욕을 해주면 심장이 튼튼해지고 심폐 기능이 좋아질 뿐만 아니라 면역력을 강화시켜 잔병치례도 줄어든다. 피부도 튼튼해지는데, 특히 아토피성 피부염에 효과를 볼 수 있다.

아침저녁으로 2회 정도 실시하는데 처음에는 20초 정도만 하다가 차츰 시간을 늘려 익숙해지면 2분 정도 실시한다. 단, 생후 1개월까지는 80초를 넘기지 않도록 한다.

옷을 벗길 때는 아기가 놀라지 않도록 시간을 두고 하나씩 벗긴다. 햇볕이 강한 계절에는 모자를 씌워 아기 눈을 보호해준다.

겨울철에는 충분히 환기를 시킨 후 공기가 드나들 정도로만 창문을 열어둔다. 아기가 감기에 걸리지 않도록 이불이나 담요로 몸을 감싸주어야 한다.

다음은 풍욕에 익숙해진 아기에게 실시할 수 있는 완성 프로그램이다. 익숙하지 않은 아기에게는 각 단계를 짧게 실시하되, 끝 동작으로 갈수록 바람을 더 오래 쐴 수 있도록 시간을 배분한다.

1. 창문을 활짝 열어 환기를 시킨다. 아기는 다른 방에 두었다가 환기가 다 되면 데려온다.
2. 아기의 옷을 벗기고 이불을 덮어준다. 컨디션이 좋으면 한꺼번에 다 벗기고, 컨디션이 좋지 않으면 동작 사이사이에 하나씩 벗긴다. 이불을 덮어주고 1분 동안 조용히 쉬게 한다.
3. 1분 후 이불을 제치고, 20초 동안 머리를 마사지한다. 다시 이불을 덮어주고 조용히 쉬게 한다.
4. 1분 후 이불을 제치고, 30초 동안 목과 어깨를 마사지한다. 다시 이불을 덮어주고 쉬게 한다.
5. 1분 후 이불을 제치고, 40초 동안 허리와 다리를 마사지한다. 다시 이불을 덮어주고 쉬게 한다.
6. 1분 후 이불을 제치고, 50초 동안 발을 마사지한다. 다시 이불을 덮고 쉬게 한다.
7. 1분 후 이불을 제치고, 60초 동안 가슴을 마사지한다. 다시 이불을 덮고 이번에는 1분 30초 동안 쉬게 한다.
8. 마지막으로 이불을 제치고, 정면을 보듯이 반듯이 눕힌 후 양다리와 양팔을 나란히 뻗게 한다. 아기의 팔을 들어 가볍게 돌려준다. 70초 정도 돌리고 쉬기를 반복하여 마사지를 마친다.

엄마를 위한 산후 체조,
이럴 땐 이렇게

part 6

요실금이
있을 때

출산증후군 중 가장 괴롭고 곤란한 증상이 바로 요실금이다. 기침이나 재채기를 하거나 크게 웃기만 해도 소변이 질금질금 새어나오는데, 출산을 위해 질이 넓어지고 질벽의 지지를 받던 방광의 요도가 밑으로 처지면서 괄약근과 방광이 약해졌기 때문에 일어나는 현상이다. 난산일수록 골반과 신경의 손상이 심하기 때문에 요실금 증상이 더 많이 나타난다.

요실금이 심해지면 방광염으로 발전할 가능성이 높다. 방광염의 일반적인 증상은 소변을 보는 동안의 통증·고열·혈뇨 등이다. 방광염까지 발전했다면 의사의 치료를 받는 것이 좋다.

비만은 요실금 증상을 심화시키므로 체중을 줄여야 하고, 자극적인 음식이나 음료는 피한다. 또 변비가 심하면 방광을 자극해 소변을 자주 보게 되므로 변비도 같이 치료해야 한다.

출신 직후 케겔 운동을 꾸준히 하면 요실 현상을 치료할 수 있는데, 인공 분만을 한 경우에는 상처가 아문 뒤에 하는 것이 좋다. 각 동작을 5회씩 반복한다.

요실금 예방 체조 –
출산 직후부터

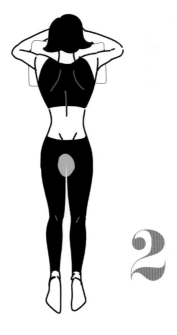

1

항문 · 요도 · 질 조이기

무릎을 세우고 똑바로 눕는다. 손을 배 위에 올려놓는다. 항문 · 요도 · 질을 한껏 오므린다. 천천히 다섯까지 세었다가 서서히 힘을 뺀다. 근육을 수축할 때는 빠른 템포로 하고 힘을 뺄 때는 서서히 한다. 호흡은 수축할 때 코로 들이마시고 이완할 때 입으로 천천히 내쉰다. 손으로 배에 힘이 들어가는지 안 들어가는지 확인한다. 배 운동을 하는 게 아니라 골반 근육 운동을 하는 것이기 때문에 가능하면 배에 힘이 들어가지 않도록 한다.

2

엎드려서 조이기

쿠션을 가슴에 대고 엎드려서 다리를 뻗은 자세로 1번과 같은 동작을 한다.

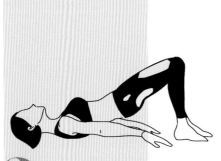

3

허리 들고 조이기

다시 똑바로 누워 무릎을
세운다. 항문 · 요도 · 질
을 수축한 뒤 허리를 될
수 있는 한 높이 든다. 이
상태로 다섯까지 센다. 어
깨 · 등 · 엉덩이의 순서로
바닥에 내리면서 서서히
힘을 뺀다.

4

다리 벌리고 조이기

다리를 어깨 폭으로 벌리
고 무릎을 약간 구부린 자
세로 선다. 시선은 정면을
향하고 허리에 양손을 얹
는다. 골반을 앞으로 밀
듯이 하면서 항문 · 질 ·
요도 근육을 천천히 오므
리고 다섯까지 숫자를 헤
아린 후 천천히 힘을 뺀다.

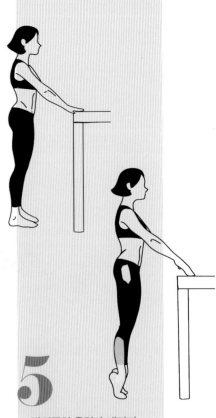

5

발뒤꿈치 올렸다 내리기

양쪽 발뒤꿈치는 붙이고
발은 약간 벌려 선다. 의
자나 테이블에 양손을 얹
는다. 엉덩이와 항문 · 요
도 · 질 부위 근육을 수축
한다. 다섯까지 세고 힘을
뺀다.

위 동작이 익숙해지면 발
끝을 세워서 해본다. 수축
하는 힘이 한결 강화된다.

허리 통증이
심할 때

임신과 출산 과정은 허리에 상당한 무리를 준다. 배가 무거워진 산모는 똑바로 서 있기가 힘들 정도로 머리와 목은 앞으로 기울어지고, 아기로 인해 늘어난 체중을 지탱하느라 척추는 뒤로 젖혀지거나 앞으로 굽혀지고 그에 따라 어깨도 굽어진다. 또 분만시에는 진통 때문에 몸을 마구 비틀게 되는데 이때도 허리가 상하기 쉽다. 출산 후 약해진 복부 근육도 허리 통증을 유발한다. 복근이 늘어지면 허리도 같이 휘고 장기 역시 비대해져 허리를 압박하게 되기 때문이다. 때로 요추(허리등뼈) 가 휘어 골반이 앞쪽으로 심하게 기울어지는 경우도 있는데, 이는 허리는 물론 등 통증까지 유발하게 된다.

허리 통증을 다스리기 위해선 올바른 자세를 갖는 것이 중요하다. 일상 생활에서 허리를 바로 세우는 습관을 들인다. 걸을 때는 허리를 반듯하게 세우고 목과 등 에 긴장을 주지 않는 경쾌한 걸음걸이로 걷는다.

무거운 물건을 들 때는 물건 가까이 서서 무릎을 조금 굽히고, 발을 앞뒤로 활보 하는 자세나 옆으로 벌린 상태에서 들어 올려야 허리를 다치지 않는다.

의자에 앉거나 운전을 할 때는 엉덩이를 등받이에 바짝 대고 90°각도를 유지하도 록 한다. 침대에 누웠다가 일어날 때는 일단 옆으로 누웠다가 천천히 다리부터 모 아 내리고 그 다음에 몸을 일으켜 세우는 것이 좋다.

다음 동작들은 산후 일주일 이후부터 가능하다. 각 동작을 20회씩 실시한다.

허리 통증 예방 체조 – 1주 이후부터

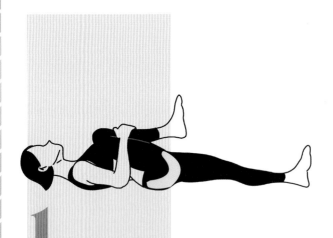

1

다리 들어 올리기

천장을 보고 똑바로 눕는다. 한쪽 다리를 들어 올린 다음 가슴 쪽으로 구부려 양팔로 감싸안는다. 이때 반대쪽 다리는 똑바로 편다. 이런 식으로 번갈아 구부리기를 한다. 골반과 허리 아래 부분의 근육을 이완시켜준다.

2

무릎 바닥에 대고 누르기

천장을 보고 똑바로 눕는다. 한쪽 무릎을 들어 올려 구부린 다음 천천히 반대쪽 다리 위로 넘긴다. 이때 넘긴 다리 반대편 손으로 넘긴 다리 무릎을 당겨 바닥에 닿도록 눌러준다. 얼굴은 반대쪽 뒤를 본다. 반대쪽도 실시한다. 허리 아래 부분의 근육을 이완시켜 통증을 줄여준다.

3

상체 들기

배 밑에 두툼한 쿠션을 깔고 팔을 앞으로 뻗고 엎드린 자세에서 몸의 힘을 뺀다. 몸을 축 늘어뜨린다는 생각으로 허리가 이완되도록 한다. 두 팔을 등 뒤로 보내어 접고 상체를 일으킨다.

4

상체 들어올리기

엎드린 자세에서 양손으로 바닥을 짚는다. 코로 숨을 들이마시면서 천천히 상체를 일으켜 등 뒤쪽 근육에 긴장을 준다. 그 상태로 천천히 열까지 세고 다시 입으로 숨을 내쉬면서 천천히 몸을 바닥으로 내린다. 등 근육을 강화시켜주고 허리 부위의 부하를 줄여주고 복부 근육을 늘려준다.

5

고양이등 만들기

무릎과 손을 어깨 넓이 정도로 벌려서 바닥을 짚는다. 고개를 숙이면서 등을 위로 한껏 밀어올린다. 이때 배가 안쪽으로 쑥 들어가게 숨을 내뱉는다. 다시 입으로 숨을 들이마시면서 등 부분을 힘주어 누른다.

어깨가
결릴 때

목이 뻐근해지는 현상과 등의 통증은 대개 좋지 못한 수유 자세에서 비롯된다. 수유시 어깨를 둥글게 구부리기 때문에 목, 어깨, 뼈, 등으로 이어지는 근육이 경직되어 피곤해지는 것. 따라서 수유하는 동안에는 편안한 자세를 유지하는 것이 좋다.

의자에서 수유하는 것이 가장 편안한데, 팔을 걸칠 수 있도록 팔걸이가 달린 의자를 선택하는 것이 좋다. 팔걸이가 없으면 베개나 쿠션 같은 것으로 받쳐준다. 좌석은 너무 깊거나 얕지 않고 충분히 견고해야 하며, 등받이는 머리를 기댈 수 있도록 높아야 한다. 의자에 앉아서 수유할 경우 아기에게 젖을 물리는 쪽 다리를 올리게 되어 한쪽 다리에만 힘을 주게 된다. 그러므로 근육에 무리가 가지 않게 적당한 높이의 받침을 두고 그 위에 발을 올려놓는 것이 좋다. 또 아기 머리를 받치고 있는 팔 쪽에도 쿠션이나 베개를 받쳐주어야 수유하는 동안 근육이 경직되는 것을 막을 수 있다.

바닥에 앉아서 수유하는 경우에는 대부분 양반다리로 앉게 된다. 이때에도 역시 아기 머리 쪽에 있는 다리 아래에 적당한 높이의 쿠션을 대어 근육의 긴장을 방지하도록 한다. 가능하면 벽에 기대어 앉고 팔 옆에도 쿠션을 받치는 것이 좋다.

어깨 통증 예방 체조 – 1일 이후부터

1

머리 위로 팔 뻗기

서서 머리 위로 팔을 쭉 펴 스트레치한다. 호흡을 향상시키고 등과 가슴의 근육을 펴준다.

2

목 돌리기

양반다리를 하고 편하게 앉는다. 손은 발목 근처에 두거나 앞으로 내짚는다. 목에 힘을 주지 않고 숨을 내쉬면서 천천히 사방으로 떨구어 목 근육을 늘린다. 그런 다음 오른쪽, 왼쪽으로 번갈아가며 천천히 목을 돌린다. 여러 번 반복한다.

3

목 · 어깨 늘리기

오른쪽 귀가 오른쪽 어깨에 닿을 듯이 목을 기울인다. 그런 다음 양팔을 등 뒤로 보내 오른손으로 왼팔을 잡아당긴다. 목이 늘어난 상태에서 천천히 다섯을 세고 제자리로 돌아온다. 다시 반대쪽을 실시한다.

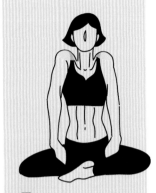

어깨 들어 올리기

숨을 들이마시면서 어깨
를 귀까지 힘주어 끌어올
렸다가 잠시 유지한 후 툭
떨군다. 여러 번 실시한다.

어깨 누르기

무릎을 대고 양 팔을 앞으
로 뻗어 멀리 짚고 턱이
바닥에 닿도록 한다. 겨드
랑이가 바닥에 닿도록 어
깨를 더 눌러준다. 몸의
힘을 완전히 빼고 천천히
일어난다.

어깨 젖히기

양팔을 머리 뒤쪽으로 올
린다. 한쪽 손으로 다른 팔
의 팔꿈치를 잡고 숨을 내
쉬면서 누른다. 반대쪽도
실시한다. 마지막으로 양
손으로 팔꿈치를 잡고 숨
을 내쉬면서 뒤로 젖힌다.

수유통 예방·
처진 가슴 올리기

젖을 분비하는 유방은 출산 후 더욱 부풀어 오르고 단단해지며 무거워진다. 늘어난 가슴 무게로 인해 어깨가 땅겨 쉽게 피곤해지고 통증도 생긴다.

유방의 충혈로 통증을 느끼고, 출산 후 유선염으로 고생을 하기도 한다. 유선염의 증상은 독감과 비슷한데, 따뜻한 찜질을 해주면 통증을 줄일 수 있다. 만약 유방 감염이 의심되면 운동을 피하고 즉시 의사와 상의해야 한다.

다음 동작들은 수유통을 줄이고, 가슴 근육을 단련시켜 커진 유방을 지탱하고 유방이 처지는 것도 방지한다.

산후 일주일 후부터 가능하다. 1번 유방 마사지는 상의를 벗고 맨살에 실시하되, 오일을 사용하도록 한다. 만일 손목이 시리거나 부담이 느껴지면 2번 동작인 가슴 근육에 힘주기와 팔 굽혀 펴기 동작을 삼가도록 한다. 각 동작들을 8~12회씩 반복.

이러한 동작은 가슴 부위 근육을 강화시켜 처진 가슴을 올려주는 데도 효과적이다.

유방 체조 – 1주 이후부터

1

유방 마사지

양손으로 가슴을 안으로 모아주듯 잡은 다음 천천히 바깥쪽에서 안쪽을 향해 원을 그리듯 돌려준다. 뭉친 부분이 있으면 통증이 느껴지겠지만 약간 힘을 주어 천천히 풀어주도록 한다.

가슴 근육에 힘주기

가슴 높이에서 양 손바닥을 맞대고 힘있게 밀어준다. 이때 팔보다는 가슴 근육에 가해지는 힘에 집중한다. 힘을 뺏다가 다시 반복한다. 가슴 근력을 강화시키는 운동이다.

3

3

양팔 벌렸다 모으기

편안하게 바닥이나 의자에 앉거나, 선 자세로 실시해도 무방하다. 가볍게 주먹을 쥐고 양팔을 직각으로 양옆으로 벌렸다 모으기를 반복한다. 팔과 가슴에 힘을 주고, 가슴 근육이 앞뒤로 움직이는 것을 느끼면서 실시한다.

벽 짚고 팔 굽혀 펴기
양손을 어깨 넓이로 벌
려 벽을 짚고, 몸이 사선
이 되도록 선 자세에서 팔
굽혀 펴기를 한다. 가슴의
근육이 한껏 늘어날 수 있
도록, 가슴이 벽에 거의 닿
을 정도까지 팔을 굽혀 내
려갔다가 다시 팔을 편다.
이 동작을 되풀이 한다.

5

가슴과 등 늘리기

양손으로 문틀을 잡고 가슴을 한껏 앞으로 민다.
다시 손을 앞으로 해서 문틀을 잡고 뒤쪽으로 몸을 빼 등을 충분히 늘려준다.

휘어진
골반 교정

골반이 휘면 허리에 통증이 오는 것은 물론 내장 기관도 약해진다. 뿐만 아니라 고혈압·좌골신경통·생리통·냉증·변비 등의 원인이 되며, 혈액 순환도 방해해 허벅지나 엉덩이 쪽에 지방이 쌓이기 쉽다. 특히 골반의 위치가 틀어진 상태로 계속 놔두게 되면 척추에 변형이 올 수 있다.

평상시 무의식적으로 나쁜 자세로 생활하고 있지는 않은지 점검해볼 필요가 있으며, 몸 한쪽이 땅기거나 결린다면 자세를 의심해봐야 한다.

골반 교정을 위한 다음의 동작들은 산후 일주일 후부터 가능하다. 각 동작을 8~12회씩 반복.

골반 교정 체조 –
1주 이후부터

1

다리 굽혀 돌리기

똑바로 눕는다. 한쪽 무릎을
구부린 다음 감싸안아 몸 쪽
으로 잡아당긴다. 그런 다음
다리를 바깥쪽으로 크게 원
을 그리듯 천천히 회전시킨
다. 반대쪽 다리도 실시한다.
골반 관절을 풀어주는 운동.

2

골반 벌리기

누운 자세에서 양 무릎을 구
부려 들어 올린 다음 무릎을
벌려준다. 양손으로 무릎을
바깥쪽으로 눌러 준다. 이때
골반이 좌우 같은 범위로 벌
어지도록 한다. 천천히 다섯
까지 세고 가슴 앞에서 두 무
릎을 안아주었다가 다시 반복
한다.

3

무릎 세워 벌리기

양 무릎을 구부리고 누운 자세에서 한쪽 다리를 다른 쪽 다리 위에 얹는다. 이때 얹은 다리의 무릎이 바깥쪽으로 벌어지게 한다.

세운 다리 사이로 손을 넣어 깍지를 낀 다음 몸 쪽으로 힘주어 당기면서 얹은 다리 무릎이 더 바깥쪽으로 벌어지도록 한다.

엉덩이 뒷부분이 늘어나도록 하여 골반 주위근육들과 엉덩이 근육을 이완시켜준다.

4

골반 늘리기

한쪽 다리는 앞으로 직각이 되도록 구부려 세우고 다른 다리는 뒤로 쭉 편다. 앞뒤로 골반을 움직여 더 늘어나도록 하면서 발을 바꿔 실시한다. 역시 골반 근육을 풀어주는 운동이다.

5

엉덩이 돌리기

무릎을 약간 구부리고 양발을 벌리고 선 자세에서 엉덩이를 천천히 오른쪽으로 돌려준다. 돌릴 때 골반이 뒤로 밀리는 느낌이 들도록 많이 밀어준다. 다시 반대쪽으로 천천히 돌려준다.

탄력 있고
날씬한 팔 근육

아기를 위해 엄마들이 가장 많이 하는 행동은 아마도 아기를 안아주는 일일 것이다. 하지만 그 일도 그리 만만한 것이 아니어서, 몇 시간만 안아줘도 다음날 팔이 저린 경우가 많다.

하루가 다르게 쑥쑥 자라는 아기를 잘 돌보기 위해선 팔 힘이 필요하다. 더불어 이젠 퉁퉁해진 팔의 두께도 줄여야 할 때다. 팔 굽혀 펴기는 팔의 근육을 아름답게 가꾸어주고 힘도 길러준다.

각 동작을 8~12회 반복한다. 여력이 있다면 8~12회를 1세트로, 3세트 정도 반복한다.

팔 근육 체조 - 6주 이후부터

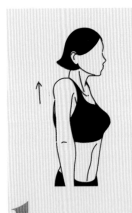

어깨 수축하기

팔에 힘을 빼고 똑바로 선다. 어깨에 힘을 뺀 상태로 위아래로 어깨를 올렸다가 힘을 빼며 툭 내리는 동작을 여러 번 반복한다. 어깨의 긴장을 풀고 어깨 관절을 부드럽게 해주는 동작이다.

앞으로 팔 굽혀 펴기

무릎을 바닥에 대고 어깨와 손이 일직선이 되게 하여 바닥을 짚는다. 엉덩이가 들리지 않도록 주의하면서 팔 굽혀 펴기를 한다. 어깨부터 무릎까지 사선이 되게 하여 실시한다. 팔 윗부분을 단단하고 아름답게 만들어준다.

의자 짚고 뒤로 팔 굽혀 펴기

의자를 뒤로 짚고 무릎을 직각이 되게 구부린다. 엉덩이를 들어 올린 상태로 팔 굽혀 펴기를 한다. 엉덩이는 움직이지 말고 팔만 굽히고 편다. 힘들면 의자나 소파를 뒤로 짚고 팔 굽혀 펴기를 해도 좋다. 이 때 무릎은 직각으로 구부리거나 앞으로 쭉 편다. 위팔 뒷부분을 탄력있게 해주며 팔 힘을 길러준다.

매끈한 몸통과
허리 라인

날씬하고 잘록한 허리는 모든 여성들의 소망이다. 특히 출산을 경험한 모든 여성들의 고민인 몸통과 허리의 불룩하고 울퉁불퉁한 라인은 여간해서는 잘 회복되지 않는다.

다음의 동작들을 꾸준히 하면 날씬하고 예쁜 허리를 만드는 데 도움을 준다. 산후 2주 후부터 가능하며, 각 동작을 8~12회 반복하도록 한다.

몸통 라인 체조 – 2주 이후부터

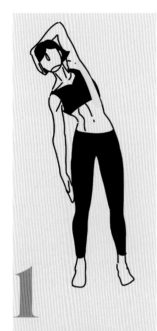

1

옆으로 구부리기

다리를 벌리고 선 자세로 한 손은 귀 뒤에 두고 다른 손은 옆으로 늘어뜨린다. 그 자세를 유지하면서 늘어뜨린 손 방향으로 몸을 기울여 옆구리를 늘린다. 귀 뒤에 갖다놓은 팔꿈치가 하늘을 향하도록 한다. 그 자세로 10회 하고 다시 반대쪽을 실시한다.

2

옆구리 늘리기

두 발을 모으고 선 자세로 상체를 옆으로 구부려 위 문틀을 잡은 손은 힘껏 당기고 아래 있는 손으로는 벽을 한껏 밀어준다. 옆구리를 한껏 늘려준 뒤, 다시 반대쪽을 실시한다.

3

벽 찍기

벽을 등지고 약 50cm 정도 떨어져 양발을 어깨 넓이로 벌리고 선다. 무릎을 살짝 굽히면서 척추를 곧게 세운 자세로 몸통을 틀어 두 손으로 벽을 찍는다. 다시 반대쪽도 실시한다.

4

몸통 비틀기

발을 벌리고 선 자세로 양팔을 어깨 높이로 들고 몸통을 좌우로 움직여준다. 왼쪽으로 비틀었을 때 오른쪽 팔꿈치가 정면을 향하도록 하고, 다시 오른쪽으로 비틀었을 때 왼쪽 팔꿈치가 정면을 향하도록 완전히 비틀어준다.

처진 뱃살을
날씬하게

출산 후 가장 많이 늘어난 곳은 역시 아기를 담고 있던 복부. 가장 신경을 많이 쓰는 부분이나, 가장 회복이 안 되는 부분이기도 하다.

배에는 특히 지방이 많기 때문에, 우선 전신 운동으로 체지방을 줄인 뒤 복근을 강화시켜주는 운동을 병행해야 탄력 있고 늘씬한 복부를 만들 수 있다.

각 동작을 8~12회 반복한다. 여력이 있다면 8~12회를 1세트로, 3세트 정도 반복한다.

복근 강화 체조 –
2주 이후부터

1

1
윗몸 일으키기

누운 자세에서 두 무릎을 세우고 발을 약간 벌려서 발끝이 정면을 향하도록 한다. 천장을 보면서 양손을 머리 뒤에 가볍게 대고 상체를 45°각도로 일으킨다. 이때 시선의 위치가 중요한데, 천장을 보면서 상체만 수축해야 운동 효과가 크다. 복부 근육이 수축되면서 상체가 딸려 올라오는 것 같은 느낌으로 상체를 일으키도록 한다.

2
앉아서 발차기

양쪽 팔꿈치를 바닥에 대고 상체를 지지한다. 엉덩이를 붙인 상태로 다리만 든다. 발목을 다리 쪽으로 꺾는다. 이 상태로 양다리에 힘을 주고 한 다리는 힘있게 앞으로 밀고 반대편 다리는 몸 쪽으로 구부린다. 양다리를 번갈아 실시한다.

3

다리 꼬아 윗몸 일으키기

무릎을 세우고 누운 자세에서 한 발을 다른 쪽 다리 위에 올려놓는다. 이때 올려놓은 다리의 무릎이 바깥쪽으로 벌어지게 한다. 머리 뒤에 양손을 놓고 올려놓은 다리와 반대쪽 팔꿈치가 서로 닿는 듯한 느낌으로 상체를 들어 올린다. 반대쪽도 실시한다. 옆구리 복근을 단련시키는 운동이다.

4

상체 비틀어 윗몸 일으키기

두 무릎을 구부려 한쪽 바닥으로 모아서 눕히고 상체는 그대로 천장을 보면서 몸을 일으킨다. 이 동작을 8~12회 실시하고 다시 반대쪽으로 반복한다. 옆구리 복근 강화운동이다.

탱탱한 엉덩이와
넓적다리

임신기간 5~6개월이 지나면 점차 아기도 커지고 체중이 많이 나가게 되면서 근육이 잘 발달되어 있지않으면 자세와 걸음걸이도 변형이 된다.

특히 체중이 많이 나가게되면서 터벅 터벅 걷는 임신부가 많다. 당연히 엉덩이도 다소 처지게되고 대퇴부위 살도 많이쪄서 어기적 거리는 모습이 될 수 있다. 이제 그동안 처진 엉덩이를 예전처럼 탱탱한 모습으로 바꾸어보자. 소개되는 운동들은 처진 엉덩이를 올리고 허벅지의 근육을 아름답고 탄탄하게 만들어주는 운동이다. 각 동작을 8~12회 반복한다. 여력이 있다면 8~12회를 1세트로, 3세트 정도 반복한다.

엉덩이와 넓적다리 체조 – 2주 이후부터

1

다리 벌려 들어 올리기

옆으로 누워 두 무릎을 약간 구부린다. 무릎을 구부린 자세로 위쪽 다리를 위로 벌려 주었다 내리기를 반복한다. 무릎을 벌릴 때 엉덩이 근육의 힘으로 들어 올린다는 느낌이 들도록 한다. 8∼12회 반복하고 다시 자세를 바꾸어 반대 다리를 실시한다.

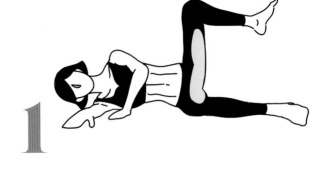

2

엎드려 뒷다리 밀어 올리기

무릎과 손을 바닥에 대고 엎드린다. 한쪽 다리를 위로 직각이 되게 들어 올렸다 내린다. 다리를 들어 올렸을 때 발목은 직각으로 꺾는다. 등이 구부러지지 않도록 하고 고개도 지나치게 들리지 않게 주의한다. 이 동작을 8∼12회 반복하고 다시 반대 다리를 실시한다.

4

다리 구부려 앉기

의자 등을 잡은 자세로 한 발은 앞으로 한 발은 뒤에 둔다. 두 무릎이 직각이 될 때까지 앉는데, 이때 척추는 곧게 세우고 시선은 정면을 본다. 8~12회 반복하고 다리를 바꾸어 다시 반복한다.

3

다리 벌려 무릎 구부리기

일어서서 다리를 넓게 양옆으로 벌린다. 무릎과 발끝이 바깥쪽을 향하도록 한다. 양팔은 어깨 높이로 들어 균형을 잡거나 의자의 등을 잡는다. 그 자세로 천천히 무릎을 구부렸다가 다시 천천히 일어선다. 이때 무릎을 굽히고 펴는 것이 아니라 엉덩이와 넓적다리 안쪽 근육의 힘으로 내려갔다 올라온다는 느낌이 들도록 한다.
이 동작을 8~12회 반복한다.

5

뒷 다리 늘리기

양반다리를 한 상태에서 한
쪽 다리를 앞으로 뻗는다.
상체를 앞으로 수그리되, 배
가 넓적다리에 닿는다는 기
분으로 충분히 내려간다. 반
대 발을 반복한다.

6

발바닥 마주 대고 앉아서
상체 구부리기

양 발바닥을 마주 대고 똑바
로 앉는다. 숨을 들이마시고
몸을 앞으로 숙이면서 숨을
내쉰다. 이때 머리와 목의 힘
을 완전히 빼도록 한다. 다시
숨을 들이마시면서 상체를 일
으켜 세운다.

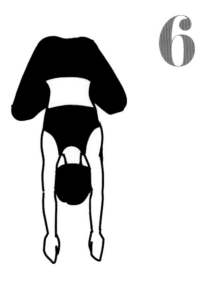

제왕절개를
했을 때

제왕절개는 해당 여성에게 지대한 영향을 미쳐 어떤 경우에는 부적응, 무기력, 실패 등의 부정적인 감정을 불러일으킬 수도 있다.

제왕절개 분만 후 산모의 몸은 매우 고통스럽다. 그러나 움직임이 많으면 많을수록 회복이 그만큼 빨라진다는 것을 기억해야 한다. 비록 걷거나 움직이는 것이 매우 고통스러운 일이지만 가능하면 빨리 침대 밖으로 나오는 것이 이러한 고통에서 벗어날 수 있는 최선의 방법이다.

제왕절개를 한 여성은 마취가 풀리고 의식이 돌아오면 곧바로 침대에서 운동을 시작하는 것이 좋다. 처음엔 불편하게 느껴지겠지만 다음의 동작들을 차근차근 시도해보도록 하자.

제왕절개 분만의 경우 정규 운동으로 복귀하는 데는 정상 분만보다 긴 3~6주의 시간이 걸린다. 절개했던 부위가 덜 아물었거나, 통증이 멈추지 않고 염증의 증세가 보이는 경우에는 운동을 해서는 안 된다.

운동을 하는 동안 복부가 땅기고 불쾌감이 느껴지는 건 정상 분만의 경우도 마찬가지다. 이런 현상은 근육이 다시 조율되고 힘을 얻을 때 일어나는 일이므로 걱정할 필요가 없다.

수술 이전에 많은 운동을 했던 경우라도 회복기에는 아주 약한 강도의 운동부터 천천히 그리고 반복적으로 시작해야 한다.

지나치게 등을 긴장해 펴고 앉거나 누워서 두 다리를 동시에 들어 올리는 것 같은 동작은 하지 않는 것이 좋다. 수술 후에는 과로로 등 근육이 약해져 있는 상태라 무리한 자세는 등 통증을 불러오기 쉽다.

다음의 동작은 산후 바로 시작할 수 있다. 그러나 고통이 느껴지는 동작은 삼가도록 한다.

케겔 운동은 수술 자국이 거의 아문 다음부터 실시한다. 수축시 약간 땅긴다는 느낌이 드는 정도는 상관없다. 각 동작들을 8~12회 반복하도록 한다.

제왕절개 수술 후 회복 체조 – 1주 이후부터

1

심호흡

이불이나 방석 위에 무릎을 꿇고 앉는다. 배 위에 두 손을 얹고 코로 숨을 크게 들이마셨다가 입으로 천천히 뱉는다. 숨을 들이마실 때는 배가 볼록하게, 내쉴 때는 안으로 쑥 들어가게 하여 신선한 공기가 배 안까지 전달되도록 깊숙이 들이마시고 내뱉는다. 눈을 감고 마음을 안정시키면서 천천히 반복하여 호흡을 가다듬는다.

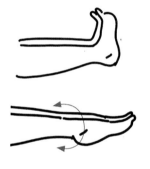

2

발목 꺾었다 펴기

누운 자세에서 발목에 힘을 주어 다리 쪽으로 꺾었다가 반대쪽으로 편다. 그런 다음 오른쪽으로 왼쪽으로 원을 그리듯이 발목을 돌려준다.

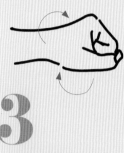

3

손목 돌리기

누운 자세에서 손을 위로 들고 손목을 앞뒤로 꺾어준다. 손을 내리고 주먹을 쥔 다음 천천히 안에서 바깥쪽으로 다시 바깥쪽에서 안쪽으로 손목을 돌려준다.

4

가슴 쪽으로 다리 당겨 안기

몸을 똑바로 하고 누운 자세
에서 한 다리는 뻗고 반대쪽
다리는 구부려 가슴 앞으로
잡아당긴다. 숨을 내뱉으면
서 안아주고, 다리를 뻗으면
서 들이마신다. 반대 다리를
반복한다.

5

팔 돌리기

어깨 관절이 이완되도록 가볍
고 부드럽게 앞뒤로 돌린다.

6

앉아서 옆구리 펴기

양반다리 형태로 앉아서 등
을 곧게 편 상태로 왼쪽 팔
꿈치가 바닥에 닿도록 상체
를 왼쪽으로 구부리면서 오
른팔은 위로 들어 옆구리를
늘려준다. 다시 반대쪽으로
되풀이한다.

7

엉덩이 밀어 올리기

바닥에 누워 무릎을 구부려 세운 자세로 엉덩이를 위로 밀어 올린다. 가능하면 등을 바닥에 붙인 채 엉덩이만 위로 밀어 올린다. 위로 밀어 올렸을 때 넓적다리가 딱딱해져야 한다.

8

머리와 배 들어 올리기

등에 쿠션을 받치고 똑바로 눕거나 옆으로 눕는다. 숨을 들이마시면서 복부를 한껏 앞으로 밀어낸다. 다시 숨을 내뱉으면서 복부를 안으로 들이민다. 복부의 움직임이 확연히 보일 정도로 움직인다. 머리와 목을 베개로부터 천천히 들어 올렸다 내리기를 반복한다. 고개를 들어 올릴 때는 배를 쳐다보듯이 하면서 숨을 내뱉고, 다시 뒤로 누울 때는 숨을 들이마신다. 복부를 수축시키는 운동이다.

케겔 운동

무릎을 세우고 똑바로 눕는다. 손을 배 위에 올려놓는다. 항문·요도·질을 한껏 오므린다. 다섯까지 세었다가 서서히 힘을 뺀다. 근육을 수축할 때는 빠른 템포로 하고 힘을 뺄 때는 서서히 한다. 호흡은 수축할 때 코로 들이마시고 이완할 때 입으로 천천히 내쉰다. 5회 반복한다. 손으로 배에 힘이 들어가는지 안 들어가는지 확인한다. 배 운동을 하는 게 아니라 골반 근육 운동을 하는 것이기 때문에 배에 힘을 주지 않도록 한다.

다시 똑바로 누워 무릎을 세운다. 항문·요도·질을 수축한 뒤 허리를 될 수 있는 한 높이 쳐든다. 이 상태로 다섯까지 센다. 어깨·등·엉덩이의 순서로 바닥에 내리면서 서서히 힘을 뺀다. 5회 반복한다.

발뒤꿈치를 붙이고 발가락을 약간 벌린 채 선다. 의자나 테이블에 양손을 얹는다. 엉덩이와 항문·요도·질 부위 근육을 수축한다. 다섯까지 세고 힘을 뺀다. 5회 반복한다. 이 동작이 익숙해지면 발끝을 세워서 해본다. 수축하는 힘이 한결 강화된다.

MOM & BABY

12개월
마사지·체조
프로그램

초판 인쇄	2022년 3월 2일
초판 발행	2022년 3월 7일

지 은 이	전선혜
펴 낸 이	김재광
펴 낸 곳	솔과학
등 록	제10-140호 1997년 2월 22일
주 소	서울특별시 마포구 독막로 295번지 302호(염리동 삼부골든타워)
전 화	02-714-8655
팩 스	02-711-4656
E-mail	solkwahak@hanmail.net

ISBN 979-11-87124-40-5 (93690)